30代リーダーが使いこなす部下を大きく成長させる100の言葉

片山和也

同文館出版

はじめに

リーダーとして成功するために

プレーヤーとしては一流でも、リーダーとしては成果が出せない人が多くいます。それは、プレーヤーとしての成功要因とリーダーとしての成功要因が異なるからです。

さらに、プレーヤーからリーダーへと「ギアチェンジ」しなければならない時期は30代です。20代で仕事を一通り覚えて、プレーヤーとして仕事がこなせるようになったら、30代で部下の育成ができるリーダーにならなければなりません。そうしたステップがあったうえで、40代ではマネージャー、あるいは幹部社員としてリーダーの育成にあたることができるようになるのです。

ところが、今の30代社員の多くは、部下の指導・育成が苦手です。苦手以前に、部下とどう接していいかがわからない人も少なくありません。

では、なぜ今の30代社員の多くが、部下の指導・育成が苦手なのでしょうか。私は、３つの理由があると考えています。

まず、ひとつ目の理由は、現在の30代社員は20代の頃から、後輩・部下が少なかったということです。現在の30代社員が大学を卒業して、就職したタイミングというのは１９９１年以降、すなわちバブル経済が崩壊した後です。

バブル経済崩壊後、各企業は軒並採用人員を減らしていきました。実際、私は前職で7年間も、私の部署には後輩が配属されてきませんでした。これは、私の部署が「工作機械」を扱っていて、好不況の影響を大きく受ける部門だったことも大きな要因です。

私のケースは極端かもしれませんが、私と同年代の方で、私と同じような経験をされた方も多いのではないでしょうか。さまざまな会社を見ると、30代後半の中堅社員層がすっぽり抜けてしまっているケースが多々見られます。

さらに2つ目の理由は、経済情勢が厳しくなった結果として、「会社」や「上司」の〝余裕〟がなくなってしまったことが挙げられます。日本は、1991年のバブル崩壊までは高度経済成長を続けてきました。それは、GDP（国内総生産）の推移を見ればわかります。

GDPが伸びているということは、市場全体が伸びているということですから、極端なことを言えば、〝普通〟にしていても業績は伸びるわけです。ところが、GDPが横ばいということは市場全体が横ばいということですから、たとえば誰かががんばって業績を伸ばすと、何もしていない会社は業績を落とすことになります。

このように、経済情勢が厳しくなると、上司は自分自身の業績を維持するのに精いっぱいで、部下の面倒を見る余裕がなくなってきます。今の30代社員というのは、そういう意味で、「手本となる上司」にめぐり合えていないケースが見られます。

さらに3番目の理由として、前述のような厳しい経済情勢の中で、現在の30代社員は若い頃に「成功体験」を積むことができなかったことが挙げられます。バブル期以前に入社した人は、入社したときから仕事が溢れていました。市場も成長していたため成果も出せたし、「成功体験」を積むこともできました。

それに対して、現在の30代社員は社会に出たときから不景気です。しかも、限られた〝よい客先〟は先輩や上司が手放しませんから、当時の若手はますます成果を出すことができません。「成功体験」が少ない結果、リーダーとしての自分に自信が持てないのです。

実は、私自身がこうした経験をしてきました。実際、30歳になって船井総合研究所に途中入社するまでは、部下を持ったことがありませんでした。

しかし、入社後は必要に迫られ、どうすれば部下の指導・育成ができるのかと、それこそリーダーシップに関する本を手当たりしだいに読んだものです。そうしたリーダーシップに関する本に共通して書いてあることが、「リーダーシップは先天的なものではない」ということでした。

つまりリーダーシップとは、自分で努力して身につけるものなのです。そうした努力の結果もあり、私自身も何人かのリーダーを輩出することができ、船井総合研究所の中ではかなり短期間でグループマネージャーになることができました。

もちろん、過去にお世話になった上司、コンサルティング先の尊敬すべきマネージャーの方をベンチマークとしながら、私なりの方法でリーダーシップを身につける努力をしてきたのです。

そうした、私自身の経験を踏まえて、部下を指導・育成して「一人前」にするため、さらに「戦力化」するためにリーダーが身につけておくべき10のスキルを本書にまとめてみました。

これら10のスキルは、社会人として、あるいはプロの職業人として必須のことばかりであり、ぜひ部下に身につけさせたいスキルです。

さらに、そのスキルを象徴する言葉を、10ずつ挙げて解説を加えたものが本書の構成となっています。

これら「100の言葉」への解説についても、コンサルティング現場での経験と私自身のリーダーとしての経験から、抽象論ではなく具体的なアクションに結びつく指導のポイントをわかりやすくまとめています。本書は、必ずや30代リーダーの皆様の強力な武器となってくれるはずです。

本書が、皆様のビジネスへの貢献に結びつくことを心から願っています。

株式会社船井総合研究所

片山　和也

30代リーダーが使いこなす　**部下を大きく成長させる100の言葉**

もくじ

Chapter 01

主体性を持たせる言葉

Chapter 02

稼ぐ力を身につけさせる言葉

Chapter 03

ビジネスマナーを身につけさせる言葉

Chapter 04 タイムマネジメントを教える言葉

Chapter 05

向上心を持たせる言葉

Chapter 06

人から好かれる力を身につけさせる言葉

Chapter 07 責任感を持たせる言葉

Chapter 08

モチベーションを上げる言葉

Chapter 09

効果的に叱る言葉

Chapter 10

後輩・部下への接し方を教える言葉

カバーデザイン◉田中正人（MORNING GARDEN）
本文DTP◉エムツーデザイン

Chapter 01

主体性を持たせる言葉

「作業」ではなく「仕事」をしなさい

主体性とは、言い換えると「人のこと」でも、「自分のこと」のように考えられる力のことを言います。

そして、仕事は基本的に「人のこと」を行なうわけですから、そこに主体性がなければ仕事の質、あるいは生産性が著しく低下することになります。具体的には、指示されたことを指示された通りにしかこなせない状態は主体性がない状態であり、それは「作業」に過ぎません。

それに対して、指示されたことの真意を汲み取って、自分なりに工夫しながらこなす状態は主体性がある状態であり、それを「仕事」と言います。

たとえば、部下に対して「この書類をコピーしてホチキスで止めて」と指示したとします。このとき、部下が書類の右上にホチキスで止めてきたとします。書類の右上をホチキスで止められると、この書類をファイリングした際、書類を開けなくなります。こうした行為は、「仕事」ではなく「作業」です。

これに対して、書類の左上を右斜め上に傾けてホチキスで止めていれば、それは書類をファイリングすることまで考慮した「仕事」と言えます。

こうした小さなことであっても、本人が主体性を持って仕事にあたっているかどうかがわかります。部下を成長させるためには、ふだんから小さな仕事であっても、主体性を持ってあたる癖づけを行なっていかなければならないのです。

目的地まで案内するのがキミの仕事だ！

部下に主体性がないのは、上司であるあなたの責任です。いくら「もっと主体性を持て！」と言っても、部下の意識は変わりません。

意識を変えるためには、本人の〝環境を変える〟必要があります。では、〝環境を変える〟とは、具体的にどのようなことでしょうか？

たとえば、部下に同行して新規の客先に行くとします。このとき、客先までの経路の確認、最寄り駅から客先までの地図の準備は部下にさせるべきです。それでも、主体性が身についていない部下は、自分が客先までの地図を持っているにもかかわらず、上司の後ろからついてこようとします。

以前、私が新人の部下と同行した際のことです。部下に、目的地の場所をあらかじめ伝えておき、東京駅から山手線に乗りました。目的地は新橋駅の近くなのですが、新橋駅に到着しても、部下は電車を降りる気配がありません。私が、「新橋で降りるんだろ」と言うと、「あっ」と慌てて降りました。さらに、目的地までの地図は彼しか持っていないのに、私の後ろからついてくるのです。「目的地まで案内するのがキミの仕事だ！」と私が叱責すると、彼はやっと自分が行なうべき仕事に気がついたようでした。

小さなことに主体性を持てない人は、大きな仕事に対しても主体性を持つことはできません。上司は、ふだんから部下が主体性を持つような環境をつくらなければならないのです。

タクシーに**指示**を**出**すのがキミの**仕事**だ！

部下に主体性を持たせるためには、まずは部下ができる仕事から任せることが必要です。たとえばタクシーに乗った際、目的地を運転手に告げて、目的地にタクシーを向かわせるのも部下の仕事です。

ところが、主体性が身についていない人は、タクシーに乗り込んでも何も言いません。運転手に目的地を告げるのは自分の仕事ではない、と思っているからです。自分も目的地を知っているにもかかわらず、です。

以前、私が新人の部下とタクシーに乗ったときのことです。その部下も目的地を知っていながら、やはりタクシーに乗り込んでも何も言おうとしません。私がずっと黙っていたら、その部下も黙っています。

運転手がたまりかねて、「お客さん、どちらまでですか？」と聞いても、その部下は私の顔を見るばかりで何も言おうとしません。私は部下に、「タクシーに指示を出すのがキミの仕事だろう！」と言いました。そこで彼は、はっと気づいたように、運転手に目的地を告げました。

そして、タクシーは目的地に近づきましたが、目的地はテナントビルだったため、運転手は建物から目的地を判断することができません。タクシーが目的地を通り過ぎた後で、私が「キミ、目的地を通り過ぎたぞ」と言うと、彼は「あっ！　運転手さん、通り過ぎました！」と、あわてて運転手に伝えました。主体性がない、というのはまさにこうした状態のことなのです。

エレベーターには キミが先に 乗りなさい！

エレベーターに乗る場合のビジネスマナーも、本人に主体性がないと、うまくこなすことはできません。

エレベーターに乗る場合、目上の人と目下の人の、どちらが先に乗り込むかというと、目下の人からです。船の場合も同様ですが、危険あるいは不安定な乗り物に乗るのは、目下の人からというのがビジネスマナーです。目下の人が先に乗り込み、そのうえで「開」ボタンを押し、行先階のボタンを押すのが目下の人の仕事なのです。

しかし、この動きをスムーズに行なおうとすると、本人がよほど主体性を持たない限り無理です。なぜなら、エレベーターに向かって歩く最初は、一般的に上司が先を歩いているからです。

そして、エレベーターの入口が近づいてきたら、部下は上司をスムーズに追い越して、エレベーター横のボタンを押さなければなりません。そのうえで、先に乗り込んで「開」ボタンを押す動きは、上司の動きの先が読めていなければできないことです。一般的に、部下よりも上司のほうが動きは速く、かつ無駄がありません。ですから、ボーッとしていると、上司が先に乗り込むことになります。

上司を追い抜くタイミング、さらにエレベーターに自然に先に乗り込む動きなど、上司の動きの先が読めていなければできないのが、このビジネスマナーです。言い換えると、主体性が求められるビジネスマナーと言っていいでしょう。

まずは、自分が できる仕事を 確実に こなしなさい

主体性がない人は、すべての事柄を無意識のうちに〝他者依存〟で考えています。ですから、タクシーに乗って目的地を通り過ぎても、何も言おうとしないのです。

主体性がない人間に主体性を持たせるためには、本人の「意識」を変えることが求められます。「意識」を変えるために必要なことは、「行動」を変えることです。

つまり、部下とタクシーに乗って、上司である自分が一から十まで動くのではなく、タクシーに目的地を告げて指示を出すような「行動」は部下にしてもらうべきなのです。エレベーターでも同様です。

そして、「行動」を変えるためには「習慣」を変えなければなりません。部下に同行して出張に行く際、あるいは外出する際は、目的の場所や行き方の経路は、部下に準備してもらうことを「習慣」とするのです。

とくに新人の部下の場合、いきなり仕事でベテランのような動きをすることは不可能です。であれば、まずは本人ができる仕事から確実にこなしてもらうことを考えなければなりません。

私は、部下に目的地の地図や経路を準備してもらうのに、「これは雑用じゃないぞ。仕事だぞ」「まずは、自分ができることを確実にこなせるかどうかが大事だ」「タクシーに指示を出すのも難しいぞ」と、なぜその仕事を本人にやってもらうのかを明確にしています。すると、部下も「それぐらいできますよ！」と、主体性を持つことができるのです。

きちんと掃除ができれば、仕事もできるようになるよ

社員に掃除を徹底させることで、社員教育を行なっている会社があります。そうした会社の多くが業界のモデル企業となり、業績も好調です。それもそのはずで、掃除を徹底して行なうことで、社員は主体性を身につけることができるからです。

私自身の経験をお話ししたいと思います。私の母は、かつて飲食店を経営していて、私も中学生くらいになると、開店前の店の手伝いを〝させられて〟いました。2～3日に一度は、ボトルケースの拭き掃除をさせられるのですが、ガラスの棚に多くのボトルが並んでいて、ボトルをいったんどかせて拭き掃除をするのはひと苦労でした。

それで、母親に「できました」と言うと、「全然できていないよ！　こっち側から見てみなさい、埃が残っているでしょ」と、いつも掃除が不完全だと叱られていました。しかし、私としては別に手を抜いていたわけではなく、本当に埃が見えていなかったのです。

私は、「早く終わらせたい」という一心で掃除をしていました。つまり、主体性はゼロです。それに対して、母には「ボトルケースに埃があると、暇な店だと思われる」という思いがあったから、ほんの少しの埃でもよく見えたのです。

掃除ほど、本人の主体性が現われる仕事はありません。事実、新入社員が拭いた机の上は、見事なまでに埃が残っています。今の私なら、かつてのボトルケースの埃も見えたことでしょう。

具体的に、どうすれば改善するの？

何度も同じミスを繰り返す人がいます。たとえば、遅刻したことを注意されたにもかかわらず、何度も遅刻を繰り返す人がいます。なぜ、この人は遅刻を繰り返すのでしょうか？　それは、主体性がないからです。あるいは、打ち合わせに必要な資料を持参し忘れるケース、さらにそれを繰り返すケースも同様です。同じミスを繰り返すのは、本人に、その仕事に対する主体性がないからです。

主体性がないから同じミスを繰り返すのであって、主体性が身につけば同じミスを繰り返さなくなります。言い換えると、同じミスを繰り返さないようにしてやると、主体性が身についてくるのです。

では、どうすれば同じミスを繰り返さなくなるのでしょうか？

そのためには、同じミスを繰り返さない〝具体的〟な改善策が必要です。たとえば、遅刻をする原因が寝坊であれば、寝坊しないように目覚まし時計の数を増やせばいいのです。あるいは、持ち物も忘れないように、必要な持ち物はひとつの箱に入れて管理する、資料も客先ごとにボックスファイルに入れて一括管理するなど、同じミスを繰り返さない〝環境〟を自らつくればいいのです。

したがって、上司としてはミスを責めるのではなく、「具体的に、どうすれば改善するの？」と、本人に考えさせなければなりません。「私は目覚ましを3つセットしているよ」「私はボックスファイルで資料整理しているよ」と、本人に気づきを促す言葉も必要でしょう。

キミが相手の立場ならどう思う?

主体性とは、「人のこと」でも「自分のこと」のように考えられる力のことですが、これは言い換えると、〝気配り〟ということです。〝気配り〟は、人から好かれるために必要な要素であると同時に、社会人として絶対に身につけておかなければならない能力です。〝気配り〟ができる人は、当然のごとく主体性も身についています。

したがって、部下に主体性を身につけさせるためには、上司として部下に〝気配り〟を身につけさせる必要があります。そのために、「キミが、相手の立場だったらどう思う?」という言葉を投げかけるのです。

たとえば、ある社員が私に書類を出してきましたが、よく見ると書類の端が破れていました。しかし、本人は破れていることに気がついているのかいないのか、わかりません。また、気がついていたとしても、それが問題だとは思っていない様子です。

そこで私は、書類をその新入社員に返して、「ここ破れているけど、キミが書類を渡される立場ならどう思う?」と質問しました。本人は一瞬、「あっ」という表情をしましたが、少し考えて「相手に対して失礼だと思います」と答えました。

仕事上の小さなミスというのは多くの場合、その本人はそのミスが重大な問題だとは気づいていません。主体性がないから気がつかないのです。つまり、主体性を身につけさせるためには、常に相手の立場に立って考える癖をつけさせなければならないのです。

「なぜ」を3回繰り返せ

主体性を持たせるためには、物事について突き詰めて考える癖をつけさせることが大切です。たとえば、前項で述べた破れた書類を提出してきた社員ですが、「ここ破れているけど、キミが書類を渡される立場ならどう思う？」という私の問いかけに対して、彼は「相手に対して失礼だと思います」と答えました。

私は、さらに本人に質問しました。「じゃあ、何でそれが失礼なことだと思うの？」「うーん……」と、その社員はしばらく考えてから、「相手のことを重要に思っていないように思われるからです」と答えました。「じゃあ、どうすれば書類が破れなくなるの？」と、さらに私は質問しました。

しばらく考えた後、その社員は「私のカバンが小さくて柔らかいため、中の書類が痛みやすいので、もっと大きくてしっかりしたカバンに買い替えます」と答えました。

何か問題が発生した際、「あっ、失敗した」だけで終わらせてしまうと、また同じミスを繰り返すうえに本人の主体性も身につきません。何か問題が発生したら、そこで「なぜ、なぜ、なぜ」と「なぜを3回繰り返せ」と指導を行なう必要があります。最後に、私はその社員に、「何か失敗をしたら、〝なぜ〟を3回繰り返して考えろよ」と指導しました。

ちなみに、日本を代表する一流企業であるトヨタ自動車では、「〝なぜ〟を5回繰り返せ」と、社員教育を行なっているそうです。トヨタ自動車が一流であり続ける所以です。

神は細部に宿る

経営者や大企業の幹部など、人の上に立つ人ほど細かいところに目が行くものです。たとえば、会社の廊下にクリップが落ちていたとします。多くの人は、クリップが落ちていることすら気がつかずに通り過ぎます。あるいは、気がついても何もせず通り過ぎます。

しかし、少なくとも従業員100名以上の会社の経営者であれば、ほぼ100％そこで立ち止まり、クリップを拾うはずです。あるいは、多くの部下を持つ、将来有望な幹部クラスの社員であっても、同じ行動をとるはずです。新入社員など、経験やスキルが低い人ほど、そのまま通り過ぎて行くものです。

あるいは、ドアや引き出しの開け閉め、イスの原形復帰についても同じことが言えます。経営者や幹部クラスの人ほど、ドアはきちんと閉めるし、イスも立ち上がって離れる際には、きちんと原形復帰をするものです。逆に、先ほどと同様、経験やスキルが低い人ほど原形復帰をきちんとしないし、また気にもならないようです。

こうした違いが生まれるのも、すべては主体性の有無の問題です。主体性のある人は、細かいことほど大切にします。なぜなら、「神は細部に宿る」ことを知っているからです。努力すれば誰でもできることができない人に、大きな仕事などできるわけがありません。

床に落ちているクリップを拾う、あるいは小さなゴミを拾う、物の原形復帰を行なうなど、細かいことほど重視するべきなのです。

Chapter 02

稼ぐ力を身につけさせる言葉

営業マンは「値打ち」を売れ

営業力とは、「仕事を取ってくる力」のことです。ここでは、便宜的に〝営業マン〟と表現していますが、総務だろうが経理だろうが、営業力は社会人として必須の力と言っていいでしょう。そして、営業力とは言い換えると、「この人にぜひ頼みたい！」と思わせる力とも言えます。そのためには、高い品質とスピードで仕事をこなす力はもちろんですが、同じくらいに自分の「値打ち」を上げる演出も同じくらい必要です。

たとえば、あなたが家の購入を検討していて、営業マンに声をかけたとします。そのとき、「いつでもうかがいます！」と言う営業マンと、「○日の午前中か○日の午後ならうかがうことができますが、いかがでしょうか？」と言う営業マンの、どちらが信頼できるでしょうか。私は後者だと思います。

なぜなら、暇な営業マンから家のような高額商品を、安心して買うことはできないからです。もし仮に、暇だったとしても、スケジュールを確認するふりをして、後者のような受け答えをするべきなのです。

同じようなことを、かの松下幸之助氏も言っています。電気店で、修理代が一律1000円と決まっていたとします。たとえば、仮に緩んでいたネジを締めれば、すぐに直るような修理だったとしても、その場ですぐに直すのではなく、5分くらいいろいろな個所をチェックしてから直したほうが、お客の満足度は高まると言っています。

営業は気配りだ

営業、すなわち人から仕事をいただくうえで、最も大切なことは「誠意」です。前項では、「値打ちを売る」と言いましたが、これは決して不誠実なふるまいや、人を騙すようなことをするのではありません。前項で、松下幸之助氏の話を引用しましたが、すぐに直る修理を少しばかり時間をかけて直すのは、「詐欺」ではなく「化粧」だと幸之助氏は言います。商売である以上、タダで直すわけにはいきません。

しかし、壊れたと思って持ち込んだ製品を数秒で直されてしまうと、お客は「そんなことで金を取るのか」と不愉快な気持ちになります。しかし、少し時間をかけて修理すれば、お客も「さすがはプロの仕事だ」となります。同じ仕事をするにしても、少しばかり〝化粧〟を施すことで、お客の満足度が上がるのです。

これは、言い換えると「気配り」です。つまり、相手の立場に立って物事を考えるということです。私は、人間性とは誠実さであり、誠実さとは相手の立場に立つこと、つまり「気配り」だと考えています。営業に最も必要なことが「気配り」であり、同様に前項で述べた「値打ちを売る」という概念が求められるのです。

これは、一般によく使われる「信用・信頼」という言葉と合致しています。信用とは「気配り」のことであり、信頼とは「値打ちを売る」ということなのです。一見、相反するように思われる概念を両立させることが、社会人に求められることなのです。

人に弱みを見せるな

人に弱みを見せても、何らプラスはありません。あるのはマイナスだけです。なぜなら、先ほどまでに述べた「値打ちを売る」「気配りをする」という営業を行なううえで必須の2つの概念と、真っ向から相反するからです。

たとえば、仮に体調が悪かったとしても、それを仕事の場で表に出すべきではありません。周りの人を不安にさせるだけだからです。

また、最近ではむやみやたらにマスクを着用している人が増えていますが、これも言い換えると、人に弱みを見せていることになります。

たとえば欧米などに行くと、マスクをしている人などほとんどいません。逆に、マスクなどを安易に着用すると、よほどの重病人だと思われて、誰も近づかなくなると言います。これは、周りを不安にさせるからです。

もっと言えば、暇な人や仕事のスキルの低い人ほど体調を崩しやすいものです。こう書くと、精神論のように取られるかもしれませんが、コンサルティングに出向いても、トップセールスが、風邪で休むようなことはありません。風邪で休むような人は、新入社員か数字が振るわない売れない営業マンです。

もちろん、万一風邪をひいてしまったら、他人に移さないようにマスクをするのは、当然の「気配り」です。私が言いたいことは、安易に人に弱みを見せてはならない、ということなのです。

営業は数字が人格

営業は数字がすべての世界です。つまり、営業は数字が人格なのです。ここがブレると、営業の世界は成り立たなくなります。

ところが、法人相手のルートセールスの場合などは、どの客先を担当するかによって営業の数字が決まってきます。つまり、よい客先を担当すれば数字は上がりますが、購買力の低い客先を担当すると数字は上がりません。

しかし、このような場合でも、あくまで「営業は数字が人格」なのです。なぜなら、よい客先は当然のことながら、会社にとって大切な取引先です。そうした大切な取引先を任されている営業マンは、それだけの評価を受けているから、と考えるべきです。当然、運やタイミングでよい客先を担当できるケースもあるでしょう。しかし、運も実力のうちなのです。

それを、「俺の担当している客はダメな客ばかりだから、数字が上がらない」、あるいは「私の担当しているエリアには、有望な見込客がない」などと言っているようではお話にならないのです。担当している客がダメなのであれば、新規開拓をすればいいのです。担当しているエリアに有望な見込客がいないというなら、見込客をリストアップしたうえで、本当に効果的なアプローチをしているかどうかを検証するべきです。

リーダーの仕事は、価値観をつくることです。営業マンとして絶対に持たせるべき価値観は、「営業は数字が人格」ということです。

給料の3倍は最低稼げ

正社員の場合、もらっている給料の3倍は稼がないと会社は利益が出ません。なぜなら、会社は毎月支払っている給料とほぼ同額の各種保険費用を、国や地方自治体に納めなければならないからです。代表的なものには健康保険、労災保険、失業保険、介護保険等が挙げられます。

たとえば万一病気にかかって病院に行っても、患者の負担が医療費の3割くらいですむ理由は、会社が健康保険料を払ってくれているからです。勤務中の事故やケガで労災がおりるのも、会社が労災保険をかけているからです。このように、正社員とは会社にとってコストがかかるものなのです。

さらに、会社の事務所の家賃、あるいは減価償却費用、光熱費、営業車のリース費用、あるいは減価償却費用を考えると、もらっている給料の最低3倍は稼がなくては、会社に利益は残らないのです。

さらに営業マンであれば、実質的に稼がなくてはならない金額がさらに上がります。たとえば従業員30名の販売会社で、そのうち半分の15名が営業マンで、半分が業務・総務・物流担当等の間接部門だったとすると、営業マンはこの間接部門の社員のコストも稼がなければなりません。

つまり営業マン1人が最低2人分のコストを稼がないことには、会社に利益は残らないのです。そう考えると、自分が稼ぐべき損益分岐点が明確になるはずです。損益分岐点をクリアできない〝赤字社員〟になることは、避けなければなりません。

常に自責で考えろ

営業で成果を出すために必須の考え方が「自責」ということです。「自責」とは、すべて自分の責任という意味です。「自責」の逆の考え方を「他責」と言います。

たとえば、営業で成果が上がらなかったとします。このとき、「景気が悪いのだから仕方がない」「担当している客先が悪いから仕方がない」といった考え方をする人は、「他責」の考え方です。「他責」の考え方をしている間は、絶対に営業で成果を上げることはできません。「他責」の考え方では、物事の改善が進まないからです。

営業で成果が上がらないときには、「自分のやり方に問題があるのではないのか？」「成果を上げている人は、どんな動きをしているのか？」といったように「自責」で考えて、具体的な改善にあたらなければならないのです。

ちなみに、私は経営コンサルタントをしていますが、業績の悪い会社の経営者ほど「他責」です。「他責」の経営者は「景気が悪いから業績が悪い」「社員がダメだから業績が悪い」と、何でも人のせいにします。

逆に、業績のよい会社の経営者は、常に考え方が「自責」です。景気が悪くても「こんな時代でも業績がよい会社は何をしているのか」「それを自社に適用できないのか？」と、前向きに改善につなげる考え方ができるのです。リーダーは、部下に「自責」を求める前に、リーダー自身が強烈に「自責」でなければならないのです。

価格で負けたのではなく、人間関係で負けたんだ！

先ほどの「自責」という概念で物事を考えられるようになると、営業活動の捉え方そのものが変わってきます。

たとえば営業会議の席で、商談に失注した理由として「価格で負けました」と発表する人がよくいます。しかし、よく話を聞いていくとライバル会社は何度も見積りを提出しているのに、こちらは1回しか見積りを提出していなかったりする訳です。要はこちらの見積りは最初から「相見積り」の比較対象であって、初めから本命はライバル会社だった訳です。

お客はまず、買いたい本命の会社から見積りを取るものです。次に〝当て馬〟の会社から見積りを取り、本命の会社の見積りと比較します。その上で本命の会社に値引きを求め、本命の会社に注文を出すのです。

その後で〝当て馬〟の会社に対して「おたくは高いから他社に注文を出したよ！」と言うものなのです。

それを〝当て馬〟の会社の営業マンは自社の営業会議で、「ウチの製品は高いので価格で負けました」などと発表するのです。これは自分自身のことを客観的に見ることができていない以上に、考え方が「他責」だから起こることなのです。それに対して考え方が「自責」であれば、「人間関係が浅くて、今回は本命になれませんでした。次回は本命を目指します」と発表できるのです。

商談は多くの場合、〝価格〟で負けるのではなく、〝人間関係〟で負けているのです。

スピードの追求が質を上げる

稼げない人の共通点は、仕事が遅いということです。たとえば、コンサルティング先の営業マンを見ても、営業成績の振るわない人ほど見積書を出すのが遅いのです。また、業務に時間を取られ、長い時間社内にいるケースが多いのです。

それに対して、トップセールスの人は何事も即時処理です。見積りを出すスピードも速いし、業務に時間を取られることもありません。稼げる人ほど仕事が速いのです。仕事が速いので、お客はもちろん、上司・同僚からも好かれます。好かれるのでさらに成績が上がり、よいサイクルが回るようになります。

このように、仕事はまずスピードを追求するべきです。仕事の質を上げようとするならば、スピードを追求するべきなのです。これは、どんな業界でも同じことです。

たとえば料理人の世界で、腕はいいけど仕事の遅い料理人などいません。腕のよい料理人は、やはり仕事も速いのです。

では、スピードを上げるためには、どうすればいいのでしょうか？　それは仕事の優先順位を決めると同時に、仕事の計画を事前に立てておくことです。日々、行なうべき仕事リストを書き出しておきます。そして、少なくとも出社する前の段階で、今日一日でするべきことを、決めておかなければなりません。またそれ以上に、スピードの追求・即時処理が大切であるとの自覚が必要なのです。

これは カラーコピーの **必要**があるのか?

稼ぐうえで、必ず身につけておかなければならないことが〝節約癖〟です。節約癖というのは、言い換えると費用対効果ということです。費用対効果を無意識のうちに判断できるようにならなければ、稼ぐことはできません。

たとえばコピーです。コピー1枚を取るにしてもコストがかかります。さらにカラーコピーになると、白黒コピーの4～5倍ものコストがかかります。稼げない人やスキルが低い人に限って、安易にカラーでコピーをしようとします。

以前、社内での打ち合せ資料のコピーを若手に頼んだときのことです。彼がカラーでコピーをしてきたので、私が「カラーにする必要があるのか？」と質すと、彼は「いえ、カラーのほうがきれいだと思いまして……」と言います。

たとえば、受注がかかっているようなプレゼン資料を客先に提出するのであれば、カラーコピーを使うのはわかります。それが社内の打ち合せ資料までカラーコピーを使うというのは、要は物事の優先順位がついていない、ということなのです。

同様に資料をつくる際、カラーコピーを取らなければ相手に伝わらないような資料をつくるべきではありません。たとえばグラフですが、スキルの低い人ほど、色つきグラフを多用します。その結果、カラーコピーを取らなければ、相手に意図が伝わらないのです。書類一枚つくるにしても、先のことを考える必要があるのです。

お金の回収までが営業の仕事だ

営業は、「売って終わり」と考えている人が多過ぎます。営業は「売って終わり」ではありません。営業の仕事は「お金の回収」までであることを、部下にも強く意識させなければなりません。

さらに法人営業の場合、販売代金の回収が小切手や手形であることも多いでしょう。この場合は、手形を回収して、さらにその手形が現金化されるまでが営業の責任です。手形の場合、たとえば手形期日120日であれば、実際にお金が入ってくるのは4ヶ月先ということになります。このとき、2つの視点で商談を見る必要があります。

ひとつは販売先が、手形を回収してさらに手形が落ちて現金化されるまで、倒産の危険性がないかどうかです。会社のお金だと意識が他人事になりがちです。たとえば、万一その会社が倒産してお金が回収できなかった場合、自分が肩代わりして支払う覚悟があるかどうかです。

もちろん実際には、個人的な肩代わりなど絶対にしてはいけません。要は、営業として責任が取れるかどうか、を常に見極めながら商売にあたる必要がある、ということなのです。

2つ目は、自分の会社の資金負担に見合うだけの利益が取れているかどうか、ということです。たとえば、手形期日120日ということは、4ヶ月間もの間、お金を貸しているのと同じ、ということです。銀行からお金を借りれば金利を取られるのと同じで、資金負担をする以上は、それなりの利益を取らなければなりません。前項の費用対効果と同じ考え方です。

Chapter

03

ビジネスマナーを身につけさせる言葉

相手を不安にさせるな

なぜ、ビジネスマナーが必要なのかと言うと、それは相手を「不安にさせない」ためです。また、主体性を身につけさせるうえでもビジネスマナーが重要な点は、1章でも述べた通りです。

とくに新卒の新入社員の場合、彼らの常識と社会が求めるビジネスマナーとの間には、大きな落差があります。たとえばヒゲです。われわれからすれば、ヒゲを毎日剃ることは当たり前のことです。また、ヒゲを毎日剃ることが習慣になっています。ところが学生の間は、こうした当たり前のことが習慣になっていません。ですから、無精ヒゲを生やしたままで出社してくる新入社員が多いのです。

そうした新入社員に対して、私が「無精ヒゲを生やしているような人間に、お客が大事な仕事を任せると思うか?」と聞くと、新入社員は「思いません」と答えます。そこで私が、「何で任せてくれないと思う?」とさらに質問すると多くの場合、新入社員はすぐに答えることができません。そこで私は、「相手はキミの無精ヒゲを見て、不安に思うからだよ」と、指導するようにしています。

同じことが、髪型や服装をきちんとすること、時間を守ることについても言えます。ビジネスマナーを守るというのは、すべて「相手を不安にさせない」ということにつながります。リーダーとして、「ビジネスマナーを守るのは社会人としての常識だ」と紋切り型に諭すよりは、「相手を不安にさせるな」と指導したほうがいいでしょう。

自ら習慣をつくれ

ところが新入社員に「ヒゲをきちんと剃れ！」と、一度や二度くらい指導したところで、なかなか改善されることはありません。こうしたときに、「今年の新入社員は出来が悪い」と思ってしまうようでは、リーダーとして合格点ではありません。やる気がないからできないのではありません。すべき行動が習慣になっていないから、できないのです。

それこそ、学生のときには毎日無精ヒゲを生やしていても、問題ありません。就職活動の面接のときなど、特別な日だけヒゲを剃ればよかったのです。ですから、社会人になったら毎朝ヒゲを剃ることを習慣にするように指導する必要があります。朝が苦手で時間がないのであれば、電器カミソリを購入するように指導すべきでしょう。

また、社会人であれば毎朝、髪型や身なりや自分の表情を鏡でチェックしてから家を出ることを習慣とするべきです。たとえばスキルが低い人ほど、日によって暗い表情をしていたり元気がなかったりするものです。

本書でも述べている通り、気配りの基本は相手を不安にさせないことです。暗い表情や元気のない態度は、周りを不安にさせるだけです。

社会人となれば、身だしなみはもちろん自分の顔色や表情についても責任を持つべきです。その意味でも玄関に鏡を置いて、毎日自分の姿や表情をチェックする習慣を身につけさせるような指導を、新入社員に対しては行なうべきでしょう。

ネクタイはきちんと結べ

最近はクールビズ、あるいはウォームビズが主流ですから、ビジネスマンの場合でもネクタイをつける機会は、以前と比べて減っているかもしれません。しかし、そうしたネクタイだからこそ、いざ着用しなければならないときには、きちんと身につける必要があります。ネクタイは、今でも大人の象徴であり、ビジネスマンの象徴なのです。

たとえば、若い人によく見受けられるのが、ネクタイを初めから緩めて締めているケースです。ビジネスマナー的には、ネクタイを緩めて締めるのはＮＧです。また、ネクタイの結び方は複数ありますが、どの結び方をするにしても〝ディンプル〟というエクボを結び目につけること、また横から見たとき、〝ブリッジ〟といって結び目からカーブを描くようにするのが、正しいネクタイの締め方です。

新人の場合には、ディンプルとかブリッジ以前に、シャツの襟の後ろからネクタイがはみ出ていたり、ネクタイが長過ぎたり短過ぎたりと、そうしたレベルでつまずいているケースも多々見受けられます。

こうした服装の問題というのは髪型同様、本人の強いこだわり、あるいは習慣に起因するところです。ですから、ネクタイの結び方など服装の問題は、新入社員の早い段階で指導しておく必要があります。あるいは、前の上司がきちんと指導できていないのであれば、早い段階であなたがきちんと理由を説明して、指導を行なうべきなのです。

「どうすればいいですか？」と質問するな

「どうすればいいですか？」という質問は、社会人ではなく学生の質問です。とくに、部下が上司に対して、「どうすればいいですか？」という質問をしてはいけません。あなたの部下に対しても、きちんと指導を行なう必要があります。

たとえば、あなたが部下に書類の送付を頼んだとします。このとき、書類の送付方法としては郵送か宅配便、あるいはメール便といった手段が考えられます。こうした際に部下が、「何で送ればいいでしょうか？」と質問してきたら、それはＮＧです。その質問に自分の意思が入っていないからです。

この場合は、「これは重要書類ですから宅配便で送りますね？」というのが、正しい質問の仕方になります。

このようにビジネスの中での質問、とくに上司に対する質問は、相手が〝Ｙｅｓ〟または〝Ｎｏ〟で答えられる質問を投げかけるのが鉄則です。理由は２つあります。ひとつ目は、「どうすればいいですか？」という質問の仕方は、それだけ相手に考える負担を強いることになるからです。とくに、上司は部下よりも忙しいものです。忙しい人に考える負担を強いるような質問の仕方をするのは、気配り不足です。理由の２つ目は、「どうすればいいですか？」といった質問を部下に続けさせるようでは、いつまでたっても自分で考える力・決定に対してリスクを取る力が身につかないからです。「どうすればいいですか？」は、無責任な質問の代名詞と言っていいでしょう。

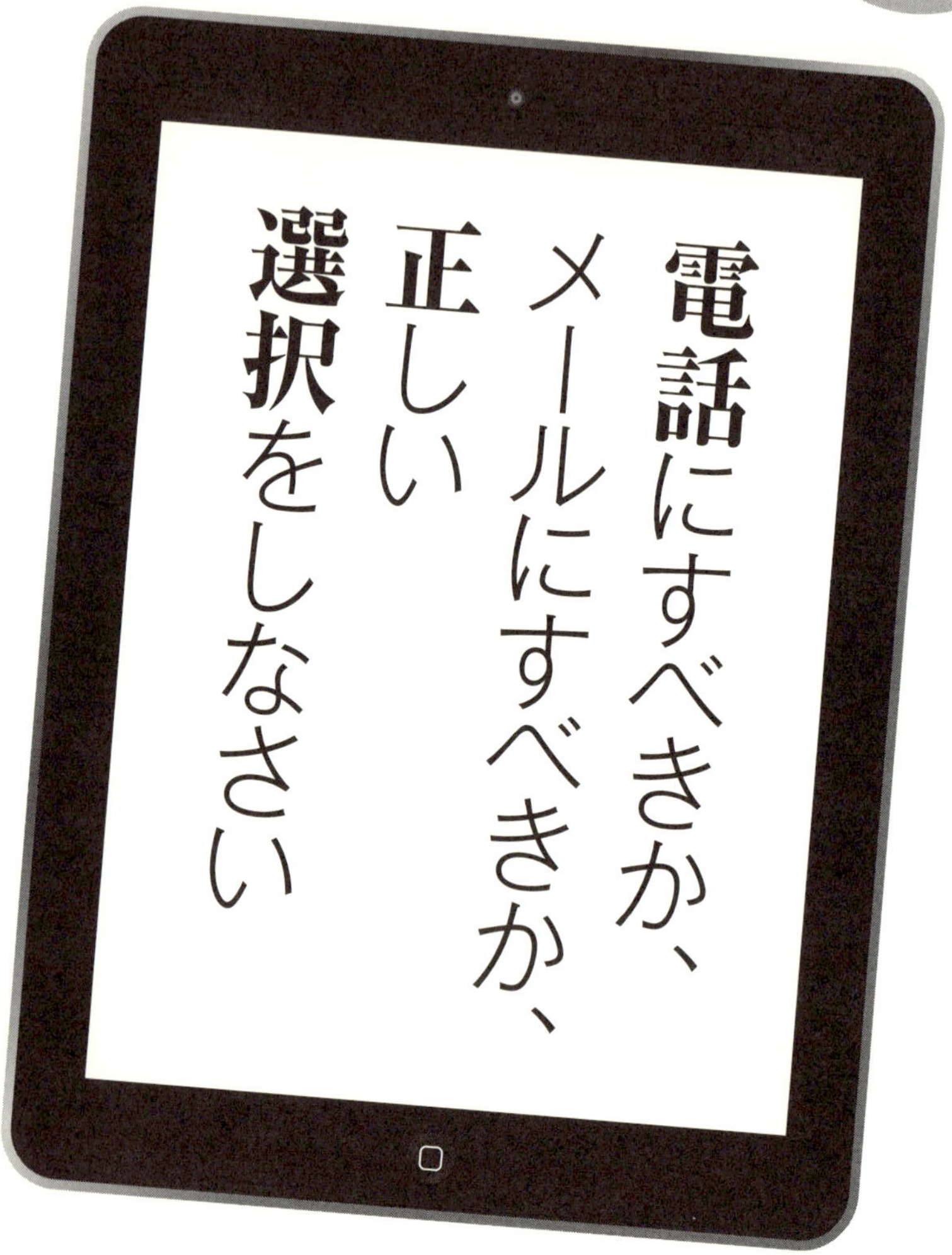
電話にすべきか、
メールにすべきか、
正しい
選択をしなさい

社会人になると、コミュニケーションの取り方も多様化します。その中で、どのようなコミュニケーションの取り方をすれば最適なのか、を相手の立場に立って考えることも、重要なビジネスマナーです。

たとえば今、ビジネスで多用されるコミュニケーション手段がeメールです。eメールが多用される理由は、電話やFAXでは伝えきれない情報量を、容易に複数の人に同時に伝えることができる便利なツールだからです。その反面、目に見えないデータを一方的に送りつけるツールでもあるため、その使用には気配りが必要です。

たとえば、社内の連絡で相手が出張中であると知っていながら、お客からの折り返し電話の依頼をメールで連絡してくる人がいます。メールというのは、パソコンを開かないと確認することができません。

出張中で、いつパソコンでメールの確認ができるかわからない人に、その日中にすべき折り返し電話の依頼をメールで連絡するのは、明らかに気配り不足です。仮に、出張の用件が終わって夜にメールを確認した場合、その日のうちに折り返し電話をかけることは不可能だからです。

たしかに、最近はスマートフォンを持っている人も増えています。しかし持っていない人、あえて持たない人が多いのも事実です。急を要する連絡は、メールではなく電話で取るように指導すべきです。コミュニケーションも、相手の立場に立つ気配りが必要なのです。

メールの後に電話をかけなさい

前述した通り、メールは電話やFAX以上に、一方通行になりがちなコミュニケーションツールと考えておくべきです。電話は、相手との双方向コミュニケーションツールですから、確実に情報が相手に伝わるため誤解も生じにくくなります。FAXは、受信された会社の誰もが見ることができますから、送信さえされていれば、ほぼ間違いなく本人の手元に届くでしょう。ところが、メールは違います。

相手がパソコンを立ち上げない限り、相手は送付したメールを見ることはできません。また、多忙な経営者や管理職クラスの人になると、1日100件以上のメールが送られてくることも珍しくなく、送付したメールを見落とされる可能性もあります。

また、スパムメール対策で、ファイアーウォール等のセキュリティをかけている相手の場合だと、こちらの送付したメールがスパムメール扱いされて受信拒否されるケースもあります。FAXの場合だと、相手が受信しなければエラーレポートが戻ってきますが、メールの場合はエラーが戻ってこないケースがあります。このように、メールは不確実性の高いコミュニケーション手段だと認識しておかなければなりません。

ですから、重要な用件のメールについては、メールを送信した後、「メールでご送付させていただきました」と電話でも相手に伝えるべきなのです。送ったつもりが相手が見ていない、というのはこちらの責任になるからなのです。

メールには必ず返信を打て

「キミ、あの件はどうなった？」という質問に対して、安易に「それ、メールで送りましたけど」という人に限って、人からのメールに対しては一切返信を打たないものです。

先輩や上長、あるいはお客からのメールに対しては、こちらが最後になるようにメールを返すべきです。

たとえば、相手から「明日の打ち合わせの件、よろしくお願いします」とメールが送られてきたとします。その場合は、「こちらこそ、よろしくお願いします」と返信をすべきでしょう。

その返信に対して、さらに相手から「ありがとうございます」といった返信があったら、こちらからも、「こちらこそ、ありがとうございます。明日はよろしくお願いします」と返信をするべきなのです。これは、電話の場合に目下の人が先に電話を切らないマナーと同じ理屈です。

また、送付されてきたメールに対しては、可能な限り早く返信を打つべきです。たとえば、送られてきたメールが、判断に時間を要する内容だったとします。その場合でも、「メール、ありがとうございます。検討のうえで早々にご返信いたします」と、こちらがメールを確認したことを、まずは相手に伝えるべきなのです。

なぜなら、前項でも述べた理由で、送ったメールに対して返信がないと、「メールはちゃんと届いたかな」と相手は不安になります。相手を不安にさせない気配りは、メールへの対応にも求められることなのです。

キミがそこに座るの？

社会人にはどのような場でも、必ず〝席次〟があります。たとえば、部屋に通されたときは、最も奥にあたる場所が上座となり、目上の人が座る場所です。目下の人は、ドアの近くに座るのがマナーです。車に乗る場合は、運転席の後ろが上座になります。一番目下の人は、後部座席の真ん中か、助手席に座るのがマナーです（ただし、運転者と目上の人が親しい場合は、助手席が上座になるケースもある）。

このとき、まだきちんとビジネスマナーが身についていない新人の場合、間違って、あるいは意識せずに上座に座ってしまう場合があります。その場合は先輩、あるいは上司として、「キミがそこに座るの？」と、その場で指導すべきです。

とくに、複数で車に乗るときなどは、最も動きが早い上司が後部座席の真ん中に座りがちになります。そうした場合も、目下の人が「私が真ん中に座ります」と、自ら言わなければなりません。

以前、複数の部下とタクシーに乗ったときのことです。４人でタクシーに乗り、私が後部座席真ん中に座った状態でタクシーが出ました。少し走ったところで、いったんタクシーを止め、私は全員を叱責しました。席次がわからない新人もまずいのですが、それ以上に席次がおかしいと知りながら何も言わない先輩社員が無責任だと感じたからです。

１章の最後の項で、「神は細部に宿る」と書きました。小さなことに対して無責任な人は、大きな仕事でも無責任なことをするものなのです。

御礼をきちんとしなさい

してもらったことに対して、きちんと御礼をするのはビジネス以前の、生きていく上での基本的なマナーです。たとえば、取引先から食事をご馳走になったとします。ご馳走になったそのときに、「ご馳走様でした」「ありがとうございました」と御礼をするのはもちろんです。これが、夜の酒席でご馳走になった場合は、翌朝も再度御礼の電話をかけるべきです。

こうした御礼を、メールですませる人も少なくありませんが、メールよりも直接電話をかけて御礼の言葉を伝えるべきです。メールよりも電話のほうが、相手に伝わる印象はプラスに働くからです。

同じことが、社内でも言えます。たとえば、私の顧問先のある会社は、ボーナスが支払われたら、社員全員が社長に御礼に行くことが習慣になっています。これは、ボーナスは給与と異なり、必ず出さなければならないものではないからです。また給料を上げてもらったときなども、上司あるいは社長に御礼に行くのはよいことだと思います。

これは、謝罪についても同じです。たとえば、前日に上司からこっぴどく叱られたとします。その場で謝罪をするのは当然ですが、その後のタイミング、あるいは翌日に「先ほどは申し訳ありませんでした」「昨日は申し訳ありませんでした」と、改めて一言伝えるべきでしょう。

なぜならその上司は、ただ怒っているのではなく、貴重な時間を割いて指導をしてくれたからです。そうした価値観を、部下にきちんと植え付けることが、リーダーとして大切なことです。

乾杯は先輩のグラスよりも下にあてなさい

仕事が終わった後の酒席にも、ビジネスマナーは存在します。上司・先輩として、酒席でのビジネスマナーを部下に教えることは、昼間の仕事でのビジネスマナーを教えることと同じか、それ以上に大切なことです。

たとえば、まずは乾杯についてです。乾杯でグラスをお互いにあてるとき、目下の人はグラスの先を、目上の人のグラスの横側にあてるのがマナーです。以前、入社3年目の若手と二人で飲みに行ったときのことです。彼と乾杯をしたとき、彼は自分のグラスのどこを私のグラスにあてるかについて、まったく無頓着で、自分のグラスの横側を私のグラスの先にあててきました。

私は、その場で正しい乾杯のやり方、グラスのあて方を指導しましたが、言い換えると、彼は2年間もそうした指導を先輩や上司から受けなかったということになります。これは、指導するこちら側の責任でもあります。

また、酒席で帰る場合は、一番目下の人が最後まで残り、忘れ物がないかどうかを確認をするのがマナーです。飲んでいる最中も、タバコを吸いたそうに灰皿を探している人を見たら、サッと灰皿を出す、飲み物がなくなってきたら追加のオーダーを出す、といったことも目下の人の仕事です。

こうした、アフターファイブの場で気配りができない人は、仕事でも気配りをすることはできません。そうした意味でも、やはりアフターファイブは大事だと思います。

Chapter 04

タイムマネジメントを教える言葉

自分の仕事をすべて書き出せ

社会人にとって仕事とは、常に複数の業務を同時並行で行なうものです。したがって、タイムマネジメントができなければ、高い品質の仕事が行なえないばかりか、納期遅れなどで周りやお客に迷惑をかけることになります。上司として、部下にタイムマネジメントの技術を教えることは重要なことです。それでは、どのような指導を行なえばタイムマネジメントの技術が部下に身につくのでしょうか。

私の場合は、新入社員を指導する際には必ず、今その部下が抱えている仕事を、すべて紙に書き出すように指導します。いわゆる〝TO　DOリスト〟と言われるものをつくらせるのです。具体的には、手帳の中に「今、抱えている仕事リスト」の項目をつくらせ、常にそこに指示された仕事を記入し、終了した仕事は線を入れるなどして消していかせるのです。こうしたTO　DOリストを一々つくるのは一見手間に思われますが、結果的にはTO　DOリストをつくらない場合と比べて、飛躍的に早く仕事を行なうことができます。

結局のところ、仕事の速さを決めるのは〝仕事の優先順位づけ〟と〝仕事の事前の計画〟と言っていいでしょう。TO　DOリストをつくることにより、必然的にそうしたことを行なうことになります。

何よりも、「すべき仕事をうっかり忘れていた」といったことが避けられます。仕事のスキルの低い人は、たいていこのTO　DOリストをつけていないものなのです。

仕事を終わらせる目標時間を決めろ

仕事が遅い人の特徴は、仕事にかかる前に、「この仕事は、○時までに終わらせよう」という目標を決めていません。目標を決めていない以上、その仕事はいつ終わるのか未定です。その結果、ダラダラと仕事が続くことになり、仕事が遅くなるのです。

自己啓発の世界でよく言われる言葉に、「何となく富士山に登る人はいない」というものがあります。「富士山に登る！」と決めて、その準備を計画的に進めなければ富士山に登ることはできません。仕事も同じです。

仕事を早く終わらせるためには、「この仕事は、○時までに終わらせよう」と、その仕事にかかる前にその仕事を終わらせる目標の時間を決めなければならないのです。

ですから、仕事が遅い部下がいる場合には、「キミは仕事にかかる前に、その仕事を終わらせる目標時間を決めているか？」と聞いてみるべきでしょう。ちなみに、私がリーダーを務めるチームでは、こうした理由により徹夜での仕事を禁止しています。コンサルタントの仕事は激務なので、どうしても徹夜をして仕事を終わらせようとするメンバーがいます。

しかし、徹夜ほど非効率なものはありません。次の日は睡眠不足で効率が低下することはもとより、「徹夜すれば時間がたっぷりあるから大丈夫だ」と、仕事を終わらせる目標時間が曖昧になるからです。それよりも、「必ず終電で帰る」といったように、仕事のデッドラインを決めたほうが効率は上がるものなのです。

時間目いっぱい仕事を引き伸ばすな

仕事が遅い人のもうひとつの特徴として、与えられた時間を目いっぱい使って仕事をしようとする、ということが挙げられます。

以前、ある新入社員に、セミナーで使用するテキストの製本を依頼したときのことです。午後から始まるセミナーのテキストだったのですが、私の見立てでは30分もあれば終わる作業なのに、30分経っても1時間経っても、彼はテキストを持ってきません。あまりにも遅いので、コピーの様子を見に行くと、彼はのんびりと製本作業をしていました。

私が「キミ、そんな作業、30分もあれば終わるだろう！」と指摘すると、彼は「いえ、午後のセミナーまでに間に合えばいいと思っていました」と言うのです。そうではなく、与えられた仕事は常に最短の時間で終わらせ、空いた時間をさらに別の仕事の時間にあてるべきなのです。

同じことが、休日の仕事にも言えます。コンサルタントという仕事の特性上、休日の出社・仕事も、各自が自主的に行ないます。しかし、スキルの低い人ほど、意味もなく午後から出社して仕事をしようとします。休日に出社して仕事をするのであれば、午前中のいつもの始業時間から出社して仕事を行なうべきです。

そして、どんな仕事を何時までに行なうのかを事前に決めたうえで、効率よく仕事にあたらなければなりません。いずれにせよ、「時間がいっぱいあるから大丈夫」と、ダラダラ仕事を行なうと、仕事の質までが低下するものなのです。

パソコンの前で考えるな

仕事を効率的に行なうために必要なことは、その日に行なうべき仕事をできれば前日に、最低でも、その日の朝の出社前には決めてしまうことです。逆に、仕事で最も非効率なのは、出社して机に座ってから、これから行なうべき仕事を考えることです。

たとえば、仕事が遅い人の行動を見ていると、パソコンを立ち上げたまま、手を動かさずにじっと考えているだけの時間が長いのです。仕事が速い人は、パソコンが立ち上がると同時に手を動かします。パソコンの前でじっと考えているだけの時間はほとんどありません。これは、事前に考えているか、考えていないかの違いです。

私は、常日頃から部下に対して、「パソコンの前で考えるな」と指導しています。パソコンの前で考えられていたのでは仕事が遅くなるからです。パソコンで作成する書類や報告書については、移動時間などに事前に考え、パソコンを立ち上げると同時に手を動かせる状態にしておかなければならないのです。

最近では、スマートフォンを持ち歩く人が増え、移動しながらメール処理を行なう人も多いようです。しかし、私から言わせるとそんなことをするよりも、次の仕事を頭の中で組み立てる時間にあてたほうがよほど効率的だと思います。たとえば、モーツァルトは常に頭の中で作曲が完了していて、楽譜に向かったときには手を動かすだけだった、と言います。仕事は段取り八分、というのはそういうことなのです。

メールチェックを頻繁にするな

仕事ができない人ほど、頻繁にメールのチェックをするものです。なぜなら、メールは受身の仕事であり、考えなくてもできる仕事だからです。

実際、新入社員に同行して新幹線に乗ると、彼らはたいてい新幹線の中でパソコンを開き、メールをチェックしようとします。そのたびに私は、「新幹線の中でメールチェックなんてするな」と指導します。

まず、新幹線は当然のことながら高速で動くし、トンネルもくぐります。したがって電波状態も悪く、メールの送受信にも時間がかかって非効率的です。メールをするのであれば、事務所か自宅など、インターネット環境が整っている場所で行なえばいいのです。それ以前に、新幹線の中でメールチェックをしようとする人は、事前に「新幹線の中でどんな仕事を行なうか」を考えていないのです。考えていれば、わざわざ通信状態が不安定な中でメールチェックを行なう必要などないのです。

もちろん、送られてきたメールには24時間以内に何らかの返信を行なう必要があります。私も仕事柄、1日に100件を超えるメールが来ることもあります。しかし1日1回のメールチェックで十分に対応できます。

多くの場合、メールチェックは付加価値の高いアウトプットを生み出す仕事ではありません。メールに割く時間は、最低限にするよう、部下には指導を行なうべきです。

会社で歩くな！
走れ!!

仕事を早く効率よくこなせるようになるためには、まずはその人の能力で行なえることから早く、効率的にこなすことを追求するように指導を行なうべきです。

たとえば、部下に「この書類を1部コピーしてもらえる？」と、コピーを依頼したとします。このとき、スキルの低い新人ほど、トロトロと歩いてコピーを取りにいくものです。そうしたとき、私は「歩くな！ 走れ!!」と指導するようにしています。本人にとって難しい仕事、経験がない仕事に時間がかかるのならまだしも、努力すれば早くできることを早くしようとしない、そのスタンスに問題があるからです。

経営コンサルタントとして多くの会社を見ていますが、業績のよい会社ほど、社内での社員の行動は機敏なものです。たとえば、私が文書のコピーをお願いしても、走って1秒でも早くコピーができるような行動を取ります。

以前、ある自動車会社の研修を、某大手損保会社の会議室で行なったときの話です。その損保会社は、業界でも有名なモーレツ主義で高収益の会社ですが、研修中にどうしてもワークシートの数が足りなくなり、急遽その損保会社のＯＬの方にコピーを頼みました。

すると、見ず知らずの私が突然頼んでいるにもかかわらず、そのＯＬの方は「わかりました！」と、元気よく答えて駆け足でコピーを取ってきてくれました。さすがは業界でも有名な優良企業だけあって教育も行き届いている、と感じたものです。

その日、その時しかできない仕事をしなさい

仕事は、その日、そのときしかできないことをしなければなりません。たとえば、営業マンが平日の昼間、社内で事務処理をしているようでは、営業マン失格と言えるでしょう。

もっと言えば、朝9時〜夜18時のいわゆる客先の稼働時間の間は、客先に行くことを心がけなければならないのです。

なぜなら営業活動は、この客先の稼働時間の間しか行なえないことだからです。たとえば、早朝や深夜に訪問しても、客先が稼動していない以上、営業活動を行なうことはできません。であれば、見積書の作成や伝票処理等の事務作業は、客先が稼動していない時間帯に行なうべきです。

これは、経営コンサルタントの場合も同じです。経営コンサルタントの仕事は、実際に成功している会社を研究してルール化し、それをアドバイスすることで顧問先の業績を上げることにあります。

たとえば若手で、まだ自分の顧問先がないコンサルタントだったとしても、成功している会社を調べて手紙を送るなどして事前にアポをとったうえで、平日の昼間は極力社外に出ることが大切です。

私は、常日頃から部下に対しては、「平日の昼間に会社にいるな」と言っています。レポートの作成等の事務処理は、早朝もしくは夜、もっと言えば、自宅ででもやろうと思えばできるはずです。その日、そのときしかできないことをするのが仕事なのです。

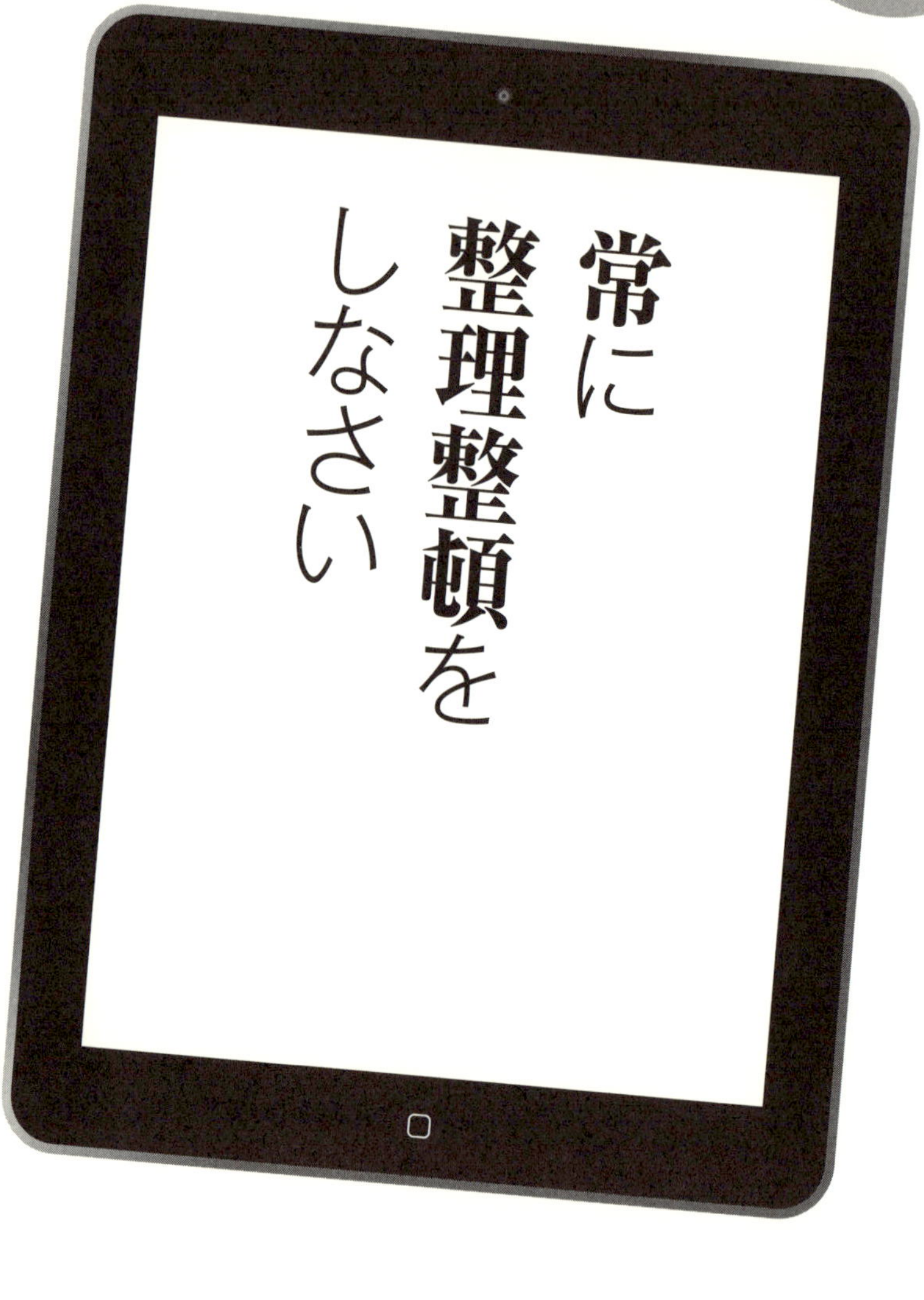
常に
整理整頓を
しなさい

「整理」とは〝要らないものを捨てる〟ことであり、「整頓」とは〝置き場所を決める〟ということです。整理整頓を行なうだけで、仕事の効率は3割向上すると言われています。

たとえば工場では、よく「5S」という取り組みがなされています。これは〝整理〟〝整頓〟〝清掃〟〝清潔〟〝躾〟の頭文字を取ったものですが、5Sの基本は整理整頓にあります。なぜ、工場は5Sに熱心に取り組むのかというと、整理整頓をきちんと行なうだけで、生産性が3割も向上するからです。

事実、仕事のスキルの低い人ほど、机の上やキャビネットの中は雑然としています。逆に、仕事のスキルの高い人ほど、机やキャビネットはもとより、持ち歩くカバンの中も整理整頓が行き届いているものです。同じことがパソコンにも言えます。仕事のスキルの高い人のパソコンはフォルダがきちんと整理整頓されており、必要なときに必要なデータを素早く取り出すことができるようになっています。

逆に、仕事のスキルの低い人のパソコンを見ると、デスクトップの上がファイルだらけで、まったくデータの整理整頓がされていません。整理整頓は、論理的思考能力がないとできません。

ですから、その人の机やパソコンを見れば、その人の仕事のレベルがだいたいわかります。逆に、ふだんから整理整頓をきちんと指導しておけば、論理的思考能力も自然と身についてくるものなのです。

即時処理をしよう

船井総研のコンサルタントは、非常に多くの仕事を抱えています。私も、中途で船井総研に入りましたが、前職と比較すると5倍以上の仕事量だと思います。そうした仕事量をこなす最大のポイントが、「即時処理」です。

ですから、船井総研に入社してくる新卒社員、あるいは中途社員に対して、タイムマネジメントのうえで、まず私が教えることが「即時処理」ということです。

たとえばコピーひとつ取るにしても、頼まれたら後回しにするのではなく、その場ですぐにコピーを取るのです。後回しにすると、仕事そのものを忘れる可能性もあるし、指示の内容を間違える確率も高くなります。

また、前職時代を振り返ってみても、仕事のできる人は皆即時処理でした。たとえば、私の前職の商社でトップセールスだった課長は、夜に営業から戻った際、集金で手形を持っている場合は、自分のデスクに戻る前に財務部に寄って手形を金庫に入れていました。

こう書くと当たり前のことのように思われるかもしれませんが、多くの人はまず自分のデスクに戻ってから財務部に行き、手形を金庫に入れていました。デスクに戻ってから手形を財務部の金庫に入れるのは、時間も非効率だし、万一手形をなくすリスクも高くなります。こうした動きを取るのも即時処理です。

どのような職場でも、仕事のできる人は即時処理なのです。

1秒でもスピードを上げよう

かの有名なマッカーサー元帥は、「戦闘力＝部隊の質量×スピードの二乗」という考え方で、戦ううえで、何よりもスピードを重視したと言います。これは仕事の場合も同じです。2章8項でも述べましたが、スピードの追求が仕事の質を上げるのです。

たとえば、部下と出張に行くと、その部下が仕事をできるかできないか、は一発でわかります。私の場合は、関西の鉄道で使えるイコカというICカードと、首都圏の鉄道で使えるスイカというICカードの両方を持っています。ICカードがあれば、一々改札で切符を買わなくても電車に乗れるからです。切符を買うのに15秒かかったとして、往復で30秒、これが1ヶ月だと10分、1年だと120分（＝2時間）もの時間を無駄にしていることになります。

スキルの高い部下は私を見て、自分自身もICカードを持つようになります。ところが仕事の遅い部下は、私がICカードを持つように指導しても、なかなか持とうとしません。「時間のムダ」に対しての意識が低いからです。

そうした部下に限って、徹夜で仕事をこなそうとします。仕事がこなせなくて徹夜をするのは、私は最悪の仕事術だと言っています。

たとえば、DM発送や伝票の入力など、単純作業を行なう場合もそうです。どうすれば1秒でも早くこなせるか考えることが、仕事の上達につながります。そのように考えれば、仕事に雑用など存在しないのです。

Chapter

05

向上心を持たせる言葉

プロを目指せ

リーダーとして重要な仕事のひとつに、部下に対する仕事への動機づけが挙げられます。具体的には、〝何のために仕事をするのか〟ということを明確にしなければなりません。

たとえば、求められる売上予算が「目標」とするならば、こうした動機づけは、仕事の「目的」と言い換えることができます。

このとき、最も効果的な「目的」設定は、「プロを目指せ」ということです。仕事の究極の目的は〝自己実現〟にあります。単なる〝お金のため〟だけでは、同じ仕事を長続きさせることは難しいからです。

しかし、給料をもらっている以上、自分の〝自己実現〟以前の問題として、少なくとも給料分の働きはしなければなりません。

この〝自己実現〟と〝給料分は働く〟ということの両方を、同時に満たすことができるキーワードが「プロを目指せ」ということなのです。どんな仕事であれ、その道のプロになれば一生食っていくことはできます。

また、その道のプロになれば尊敬され、周りからも頼りにされることになるため、自ずと〝自己実現〟も達成することができます。

リーダーが、部下に対して「プロを目指せ」と動機づけをする以上は、リーダーや上司自らがプロでなければならないし、またより高いレベルのプロを目指さなければならないのです。

見る人を感動させる仕事をしよう

前項で、仕事への動機づけ・目的設定として、「プロを目指せ」ということを書きました。それでは、「プロ」の定義とは何なのでしょう。私の中で、「プロ」の定義は2つあります。それは、①再現性があること、②見る人を感動させることができることということです。「再現性」とは、いつでもどこでも同じことが再現できる、ということです。つまり〝調子がいいときはできるけど、悪いときはできない〟というのでは、プロの仕事ではありません。

また、プロの仕事は「見る人を感動させる」ことができます。なぜ、見る人が感動するのかというと、それは相手が期待する以上のことをするからです。

具体的に言うと、ディズニーランドが挙げられます。なぜ、不況期でもディズニーランドはお客を集め続けることができるのかというと、それはディズニーランドのサービスがお客の期待を超え、見る人を感動させるからです。仮に小さな仕事であっても、相手の期待を超える仕事をすることを、常に心がけなければなりません。

たとえば船井総研では、新入社員が毎朝机を拭くことが日課になっています。机を拭くにしても、「やらされている」という気持ちであたると、拭き残しやムラが残ります。私は彼らに、「どうせやるなら、見る人が驚くくらいキレイにしなさい」と指導しています。そうした意識が、「プロ」の仕事につながるのです。

仕事には必ず改善の余地がある

人間は誰しも、必ず向上心を持っているものです。仮に、お金だけが目的と割り切ったアルバイト・パート社員だったとしても、向上心は持っています。

しかし、相手のレベルによっては「プロを目指せ」と言っても、説得力が低いケースもあります。たとえば、初めから「時給いくら」で、仕事を割り切って考えている人もいるからです。

また、自分の仕事の進め方の非を、なかなか認めたがらない人もいます。その仕事を長くやっているベテランでも、明らかに効率や品質の低い仕事の進め方をしている人もいます。

そうした場合は、「今の仕事の進め方が、常にベストではないでしょう」「どんな仕事にも、必ず改善の余地があるから、常にレベルを上げていく必要はあるでしょう」と、相手に考えさせるようにしています。

私は、仕事への要求水準が高いこともあって、稀に「私には、これ以上できません」といったことを言われることがあります。相手が、同じ正社員のラインで年下の部下なら、そこで強く叱責することもできるかもしれません。

しかし、相手が年上や先輩、あるいは女性アシスタントやアルバイト・パートの場合は、年下の正社員と同様の指導方法はとることはできません。そのような場合には、「しかし、今の仕事の進め方が100％ベストではないですよね」「改善の余地が少しはありますよね」と諭すようにしています。

本は
借りずに買おう

本に書いてある知識だけでは、世の中を渡っていくことはできません。しかし、「知りたいこと」「困っていること」「悩んでいること」のほとんどは、書店に行けば答えがある、ということも事実です。

たとえば、自分自身が営業マンで、お客を説得するのが苦手だったとします。こうした悩みも、書店に行って本を探せば、営業の本や説得力のある話し方のテクニックを教える書籍がたくさんあります。

ところが、多くの人がそうした自分自身の不得手なところを認識しながら、そのままにしてしまっています。もちろん、ずば抜けてすばらしい長所があれば、あえて自分の不得手なところを直す必要はないかもしれません。

しかし現実問題として、たとえば自分自身が営業だったとして、何ヶ月も営業成績の悪い状態が続くのであれば、営業テクニックに関する本を読んで〝勉強〟を行なうべきでしょう。

ちなみに船井総研では、1日1冊本を読むことが目標とされています。さまざまなアドバイスが求められるコンサルタントにとって、本から得られる知識も大事な情報源です。一般的なビジネスマンの場合であれば、月に4～5冊は本を読むべきでしょう。しかも、図書館で借りるのではなく、自らお金を出して買った本のほうが、間違いなく身につきます。もちろん、そうした姿勢を、リーダー・上司であるあなたが常に率先して示すことが大切です。

自分に投資しよう

前項で、本は借りるより買ったほうがよいと書きましたが、これはつまり、「自分自身に投資をする」という意味です。

私は、船井総研に入る前は商社に勤めていました。夜になると、毎晩のように先輩に飲みに連れ回されるのですが、当時は不況だったこともあって、二次会以降はほとんどが自腹でした。

私は、飲みに行くのが好きではありませんが、先輩からの命令となると、当時20代だった私としては断るわけにはいきません。先輩は、「自分への投資だ」と言って、スナックやラウンジなどに私を連れ回すのですが、当時の私は、「こんなところでお金を遣って、何が投資になるんだろう……」と思っていました。

しかし、今となって考えてみると、そうした場所でお酒の飲み方や会話の仕方が身につき、今の仕事にも役立っている部分は多々あると思います。

後輩を、無理矢理飲みに連れ回すのはどうかと思いますが、「自分への投資」という視点での指導やアドバイスは必要だと思います。

たとえば、仕事の際に着るスーツやネクタイ、あるいは万年筆などの持ち物にしても、高価なブランド物を持つ必要はありませんが、最低限安っぽくない物は持っておくべきでしょう。20代や30代で貯金をしたところで、たかがしれています。それよりも、自分への有意義な投資にお金を遣うべきでしょう。

キミの夢は何なの？

人間、夢がなければ向上心を持つこともありません。また、日々の仕事での悩みも、「キミの夢は何なの」と問いかけることによって〝時間軸のスパン〟を変えさせることで、問題が解決することがあります。

たとえば、部下の営業マンがスランプに陥り、なかなか売上目標が達成できなくて悩んでいたとします。このとき、悩みの時間軸のスパンは、1ヶ月～半年という短期的なものです。

こうした状態の部下に対しては、違う時間軸で「ありたい自分」をイメージさせることが、スランプから脱出させるうえで効果的です。

たとえば、「キミが10年後、目標とするものは何なの?」と、時間軸を伸ばすのです。そして、10年後の目標は年収でもいいし、家族の状態でもいいし、マイホームの有無でもかまいません。10年という時間軸の目標は、言い換えれば、その人にとっての「夢」にあたるものと言っていいでしょう。

仕事の目標設定は多くの場合、小売業であれば日々の売上げ、営業マンであれば月々、あるいは半年での売上げといった、比較的短い時間軸での目標設定がなされています。短い時間軸における具体的な解決策を明示するのもリーダー・上司の仕事ですが、それだけでは部下は前向きに仕事をし続けることは難しいでしょう。目標設定においても、短い時間軸と長い時間軸が必要となるのです。

キミなら できるだろう！

心理学の理論の中に、「ピグマリオン効果」と言われるものがあります。これは、相手に対して期待すればするほど、相手も期待に応えようとして伸びる、という現象のことです。

心理学の実験で、次のようなものがあります。小学生のグループを2つのグループに分け、一方のグループに対しては能力をほめ、期待していることを伝えます。もう一方のグループに対しては、学力が芳しくないことを伝え、より努力が必要であると伝えます。

その後、この2つのグループに対してテストを行なうと、「期待していることを伝えたグループ」が、常に高い平均点を取ると言います。

こうした現象が、「ピグマリオン効果」と言われるものです。

リーダー・上司も、常に部下や後輩に対して期待をかけなければなりません。たとえば、会社で長く勤めていると、他の部署から転属してくる部下や後輩もいます。仮に、その人が前の部署では評判が悪かったとしても、初めから「使えない」と決めてかかるべきではありません。上司が、初めから「どうせ使えないだろう」「できないだろう」と思って接していると、部下はいつまでたっても成長することはありません。

私は、船井総研で多くの部下や後輩を見てきましたが、環境が変わることで、見違えるように成長する人を多く見てきました。そして、部下にとっての最大の環境は、あなたも含めた上司なのです。

一緒にやろう!

部下に対して期待することが大事とはいえ、相手に実行する能力が伴わないのに、「キミならできるだろう！」と突き放すのは、リーダー・上司としては無責任な話です。本当にその目標・テーマが、部下にとって実行可能かどうか、あるいは部下本人が実行可能であると確信を持っているのかどうか、リーダー・上司としては、そこのところを押さえておく必要があります。

同様の意味で、部下に対して「がんばれよ！」という言葉も、リーダー・上司としてはあまり望ましくない言葉だと言われています。

なぜなら、「がんばれ」というのは、相手に対してすべてを丸投げしてしまっていて、そこに上司としてはたすべき役割・行動が入っていないからです。部下の側からしても、ただ「がんばれ」と言われても、何だか無責任な言葉として捉えてしまいます。

その点、「一緒にやろう！」、あるいは「私もサポートするよ」という言葉であれば、それは上司から部下への無責任な丸投げではなく、自らも部下に対する責任をはたしていく、という姿勢の表われとなります。

たとえば、売上目標に対してなかなか目標を達成することができなくて、部下が悩んでいたとします。このとき、明らかに本人の力不足で目標に届かない場合は、「キミならできるよ」ではなく、「じゃあ、一緒に対策を考えようか」「目標達成するまでサポートするよ」といった言葉の投げかけが必要なのです。

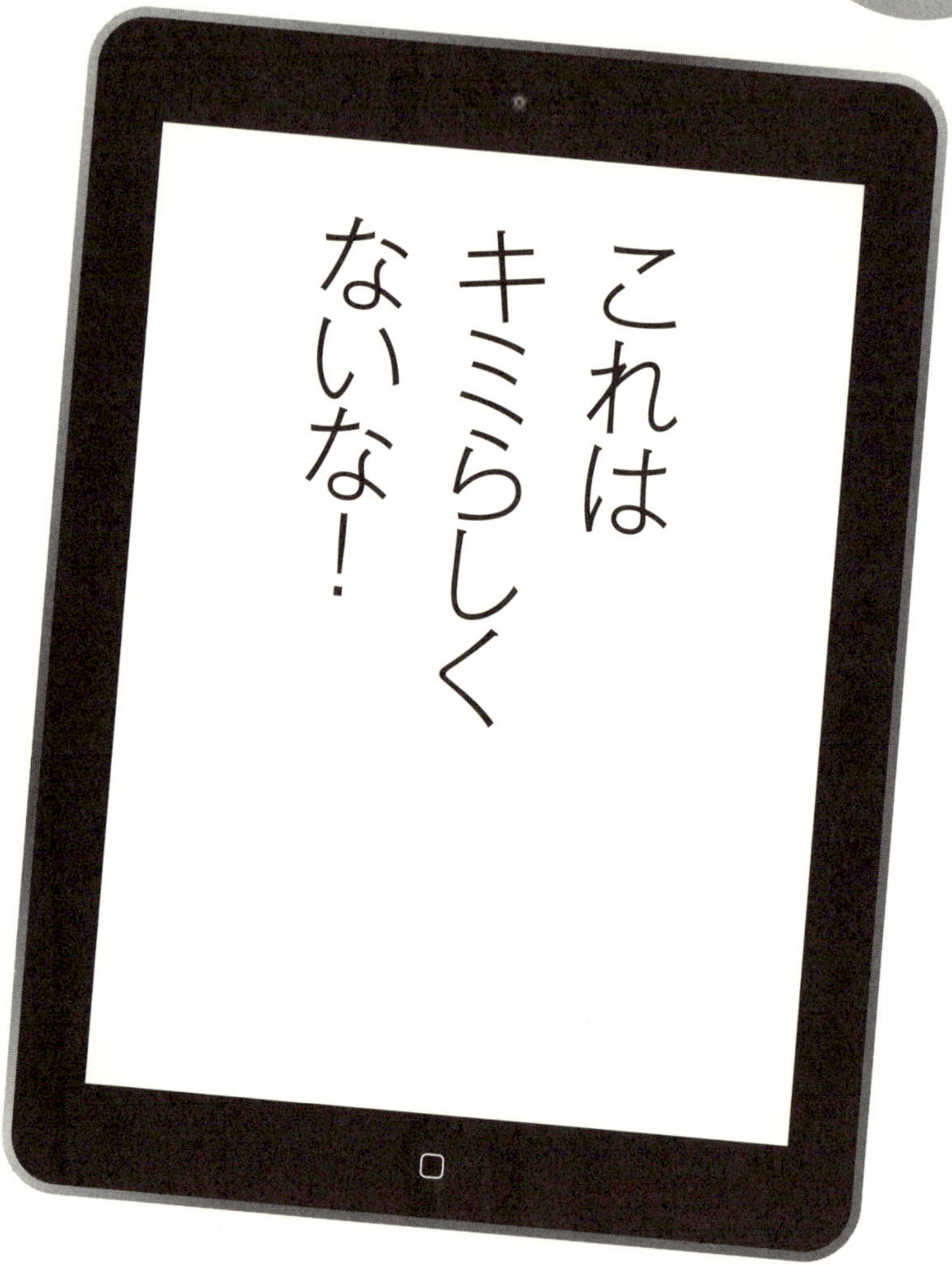
これは
キミらしく
ないな！

リーダー・上司として、部下を叱るシーンは必ずあります。その際、部下を叱るにしても、叱ったことがプラスに働くように、また本人が前向きな向上心を持つような叱り方をする必要があります。

具体的には、先ほど「ピグマリオン効果」の話をしましたが、部下に対して何か指摘する際、叱る際にもこれを考慮すべきでしょう。

たとえば、部下が書類を提出してきたとします。その書類を見ると誤字脱字が多く、文章の論点も合っていません。そのとき、部下に対して、「キミは本当にやる気があるのか！」と叱りつけても、何らプラスに働くことはありません。叱られる立場としては、「それでも、徹夜でつくったのに……」、あるいは「じゃあ、自分でつくれよ！」と、心の中で反発するだけです。

それよりも、「これは、キミらしくない仕事だね」「書類の作成に十分な時間が取れなかったの？」と、あくまでも〝相手に期待している〟というニュアンスの言葉を投げかけるべきです。

そうすると、言われた部下のほうも「しまった。期待されていたなら、もっと真剣にやればよかった」「もっと見直しをすればよかった」と、前向きな気持ちになるものです。

部下に仕事の指示を出すにせよ、あるいは叱るにせよ、部下を突き放すような言葉の投げかけはNGです。あくまでも、一緒に取り組む姿勢を示すこと、期待していることを示すことが重要なのです。

今日は
昨日より
レベルを上げよう

向上心というのは、「今より、もっとよいものにしよう」という前向きな気持ちから生まれるものです。ですから、同じ仕事をするにしても、昨日よりは今日の仕事、そして今日よりは明日の仕事のレベルを上げるように心がけることを、当たり前のこととしなければなりません。

たとえば製造業の世界で、「5S」や「QCサークル」等を通じて、日々改善活動に取り組むことを〝カイゼン〟と言いますが、この〝カイゼン〟は「KAIZEN」という言葉で世界中に広まっています。

日々、仕事の中身を改善し続けることは、日本の製造業ではごく当たり前のことですが、世界レベルで見た場合、実はすごいことなのです。こうした改善活動は、日本人の長所とも言えるものです。

ですから、われわれの日々の仕事も、過去からの流れをずっと繰り返すのではなく、もっとよい方法がないか、改善できないかを日々考えるべきなのです。

さらに自分自身も、同じ仕事をこなすにしても、昨日よりは今日の仕事のレベルを少しでも高めることを考えるべきです。これは、仕事のマンネリ化を防ぐだけではありません。

たとえば、部下が前と同じ間違いをしたとします。そのときも、ただ失敗を責めるのではなく、「昨日よりも今日、少しでもいいからレベルを上げよう」と、前向きに考えさせるようにすべきなのです。

Chapter 06

人から好かれる力を身につけさせる言葉

仕事で成功する最大のポイントは「人から好かれる」こと

営業の世界であれ技術の世界であれ、ビジネスの世界で成功するための最大のポイントは、「人から好かれる」ということです。これは、ビジネスの世界のみならず、人生で成功するために最も重要な要素と言っていいでしょう。

たとえば、あなたの部下が顧客とトラブルを起こしたとします。仮に、そのトラブルの原因は顧客の側にあったとして、その証拠も過去の議事録に明記されていたとします。そこで顧客に、「議事録に書いてありますよ！」と正面から責め立てても、こちらには何のメリットもありません。顧客から嫌われて、今後の取引を止められるかもしれないからです。

もっと言えば、顧客の側に原因があったとしても、100％相手が悪いというケースはまずないと言っていいでしょう。

たとえば、事前に充分な確認をしなかった等、こちらにも多少の原因はあるはずです。こちらの手落ちも認めつつ、かといって実害が生じないように、うまく相手と交渉する方向で、部下を指導しなければなりません。

ビジネスは「裁判」ではなく、「商取引」です。どちらが〝正しい〟か〝悪い〟という問題よりも、〝好かれている〟か〝嫌われているか〟といった問題のほうが重要なのです。

社内においても同じです。上司からの評価にせよ、アシスタントからのバックアップにせよ、本人の成果だけでなく、やはり〝好かれている〟か〝嫌われているか〟がポイントになるのです。

相手の立場に立って気配りをしよう

人から好かれるための必須要素が〝気配り〟です。〝気配り〟とは、相手の立場に立って物事を考えることです。仕事で実績を出し、上級の管理職になるほど〝気配り〟ができるものです。

ビジネスにおける成功要件の第一が、〝人から好かれる〟ということであり、人から好かれるためには〝気配り〟が必須であるということを、上司・リーダーは部下に教育する必要があります。

ですから、本書で述べている100の言葉の根底には、すべて〝気配り〟があります。「社会人は気配り」であり、とくに人から好かれることが仕事である営業マンにとっては、「営業は気配り」なのです。

私は大学を卒業して前職の商社に入社したとき、最初の2年間はまったく成果が出せなかっただけでなく、職場の上司ともまともにコミュニケーションを取ることすらできませんでした。最初の2年間で、3回も部署を異動になりましたから、今から思えばかなりの〝問題児〟だったのだと思います。

ところが、3年目で私の上司になった部長の口癖が「営業は気配りだ」であり、とにかく気配りすることを、その部長から厳しく指導されました。しかし、「社会人は気配り」「営業は気配り」という言葉が自分の中で腑に落ちてからは、社内でも好かれるようになったし、仕事でも成果が出せるようになりました。最も私を変えた言葉が「営業は気配り」という言葉なのです。

後始末を きちんとしよう

船井総研の創業者であり、最高顧問でもある船井幸雄は、「誰でもコンサルタントになれる」と言います。ただし、次の3つのことが実行できることが、その条件になります。その3つとは、①後始末をきちんとする、②手紙を書く、③相手の姿が見えなくなるまでお見送りするということです。

これらは結局、人から好かれるための三要件である、と私は考えています。

〝後始末〟というのは、たとえば新幹線などの列車を降りる際には、ゴミを残さないのはもちろん、席を立つときには、座っていたイスをきちんと元に戻す、いわゆる原形復帰をきちんと行なうということです。

船井幸雄の場合には、さらにこの〝後始末〟が徹底していて、船井幸雄は泊まったホテルにもゴミは一切残さず、チェックインしたときと同じような状態に原形復帰して、部屋を後にすると言います。また船井幸雄は、後始末がきちんとできない人は仕事もできないと言います。

以前、船井総研社内で宿泊研修を行なった際、船井幸雄は全社員の部屋をチェックしたそうです。そのとき、仕事ができる人の部屋はチェックアウト後もきれいなのに対して、仕事ができない人の部屋はどうしようもないほど乱れていたそうです。後に使う人の立場、あるいは後から掃除する人の立場に立てるかどうか、がこの〝後始末〟ということなのです。

手紙を書こう

船井幸雄は、お会いした方には必ず御礼の手紙を書きなさい、と言います。ですから、船井総研の社員は、いつでもどこでも手紙が書けるように、ハガキあるいは封筒と便箋、切手を持ち歩いています。

たしかに、手紙は効果が絶大です。ところが、ほとんどの人が手紙を書きません。書いたとしても手紙ではなく、メールです。年賀状ですら、ビジネス関係の年賀状の大半はワープロ書き、あるいは印刷で、手書きのコメントが入っているケースは稀です。私の感覚からすると、何もコメントを入れていない年賀状など、出すだけ無駄ではないかと思いますが、実際にはそうした年賀状が大半なのです。

こうした時代だからこそ、逆に手書きの手紙は効果的です。もちろん、手書きで手紙を書くのは時間もかかるし、誤字脱字も心配です。しかし、手紙をもらった側はずっとそのことを覚えてくれているし、営業であれば、その後の商談はかなり進めやすくなります。

私も部下には、お会いした方には必ず御礼の手紙を出すように指導しています。また手紙の内容には、とにかくお会いした相手のよいところ、あるいはその会社のよいところを見つけて書くことを指導しています。

コンサルタントの場合も、結局のところ人から好かれないことには仕事は取ることはできません。そうした意味でも、手紙はきわめて効果的なツールなのです。

相手の姿が見えなくなるまでお見送りをしよう

「これだけやれば、誰でもコンサルタントになれる」の3番目が、〝相手の姿が見えなくなるまでお見送りをする〟ということです。

これは、船井幸雄がさまざまな会社のコンサルティングを手がける中で、業績のよい会社ほど、会社のトップ自らがお客の姿が見えなくなるまでお見送りをしていることから、それを船井総研でも実践しているのです。

これも、慣れないと少し気恥ずかしいものだし、一般の企業で相手の姿が見えなくなるまでお見送りをしているケースも非常に少ないと言えます。しかし、船井総研の社員は、全員がこれを実行しています。

「手紙を書く」「後始末をする」「相手の姿が見えなくなるまでお見送りをする」ことは、船井総研としては理念的なものでもあります。

会社の理念である以上、人が見ていても見ていなくても、社員であれば実行するべきです。またそうした姿勢は、先輩や上司が確実に実行しているからこそ、後輩や部下も、「自分たちもそうしなければ」と思うわけです。

逆に、会社の理念としてそれが決められているにもかかわらず、後輩や部下の前ではそれを実行しない、というのは、逆に自分自身の信頼を失う行為です。会社として大切にしていることは、先輩や上司自らも、率先して実行しなければなりません。

人の話を聞くときはメモを取ろう

結局、人から好かれるために必要なことは「気配り」に尽きます。たとえば、あなたが後輩や部下に指示・指導をしているとき、相手がメモを取っていなければ、「本当に覚えていられるのかな?」と不安になるはずです。「気配り」の基本は、〝相手を不安にさせない〟ということです。〝相手を不安にさせない〟ためにも、メモを取る癖を後輩や部下にも身につけさせなければならないのです。

何より、相手の話に対してこちらがメモを取れば、相手は「ああ、私の話を共感して聞いてくれている」と、こちらに好感を持つことでしょう。〝相手を不安にさせない〟ことに加えて、メモを取ることが相手に好かれることにつながる、ということがご理解いただけるはずです。

それ以上に、人間の記憶は曖昧なものです。そのときは理解して覚えているつもりでも、時間が経つと忘れてしまうものです。一対一で話をする際はもちろん、講演や講話を聞く際も、相手が話していることの要点をメモしておき、それを後で見返すと、記憶は元より理解も確実なものになります。

私自身も、常にメモ用紙を持ち歩いています。いつどこで誰と話をする場合も、相手の話を聞くときには、メモを取るように心がけています。後輩や部下にそれを実行させる以上は、自らも実践しなければなりません。

大きな声で即答しよう

人から好かれるためには、見た目や外観も大切です。具体的には、

(1)大きな声で話す
(2)聞かれたことに対して即答する
(3)明るく見せる・振る舞う

などが挙げられます。

まず、大きな声で話をすることが大切です。声が小さいと、何よりも聞き取りにくいし、自信がない印象を相手に与えます。自信のない印象を与えると、相手は不安になります。相手を不安にさせないことが「気配り」の第一歩であり、人から好かれるためには「気配り」が必須であることは前述した通りです。

また、「大きな声を出す」ことは、やろうと思えば誰にでもできることです。まずは、できることから指導を行なっていくことが、教育の基本です。

また、大きな声を出すと同時に、「即答」することも大切です。こちらの質問・指示に対して、「即答」できるかどうかは、本人の性格によるところが大きいため、無理強いすることは難しいかもしれません。ただ、聞かれたことに対して答えるまで、相手は自分の答えを待っているということです。「相手を待たせている」という気配りによって、できるだけ即答を心がけさせることは大切なことです。

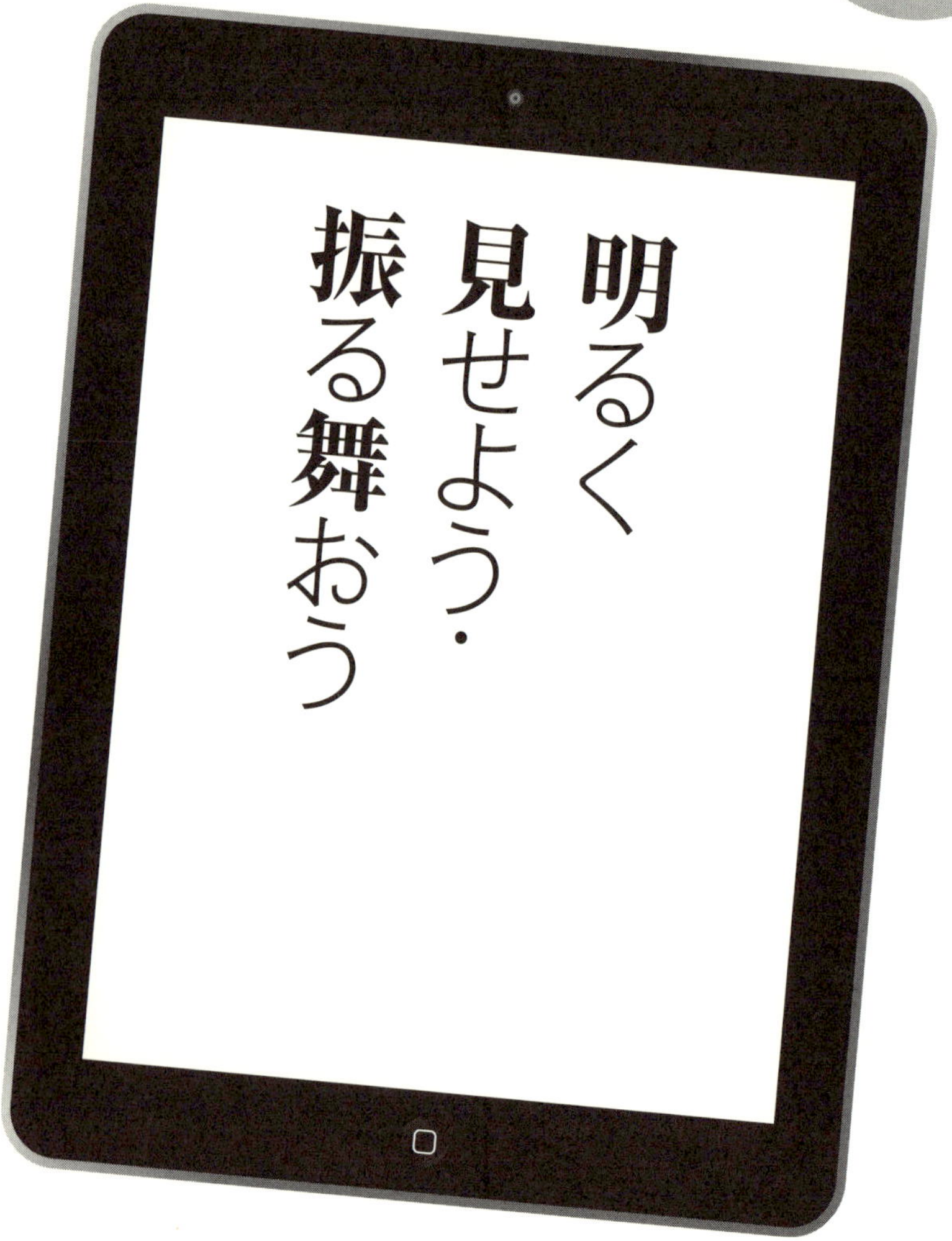
明るく
見せよう・
振る舞おう

学生と社会人の違いは、日常的に周りに対して「気配り」ができるかどうかです。たとえば、何か気に入らないことがあったからといって、不機嫌な態度を取る人は社会人としては失格です。仕事で会社に来ている以上、何があっても明るく見せる・振る舞うことが周りへの気配りと言っていいでしょう。

たとえば私の職場でも、新入社員が徹夜明けなのか、眠そうに仕事をしていることがあります。私はそうしたとき、「眠そうにするんじゃない！」と指導します。あるいは、仕事で思うような成果を上げることができず、暗い雰囲気を出して仕事をしている人を見かけることもあります。それが私の部下、あるいは後輩であれば、「もっと明るく楽しそうにせんかい！」と指導するようにしています。

本人が、苦しい・うまくいかないからといって、周りまで不愉快な気持ちにさせてしまうような態度・行動は人から嫌われるからです。

また、これは2章で書いた「人に弱みを見せるな」という言葉にもつながります。苦しいときやうまくいかないときに暗い態度・行動を取ることは、自分の責任を他人のせいにする「他責」の姿勢につながります。「他責」の姿勢の間は、何をやってもうまくいきません。

社会人は〝すべて自分の責任である〟という「自責」の姿勢で物事にあたらなければなりません。明るく見せる・振る舞うというのも、そうした「自責」につなげていくための指導なのです。

叱られているときには、申し訳なさそうな表情・態度をとろう

最近は、叱られ慣れていない若手社員が増えた、と言われます。私もその通りだと思います。ですから、上司・先輩は部下・後輩に対して、「叱られ方」を教える必要があります。

たとえば私の場合、ほぼ毎日コンサルティングで出張していますから、どうしても電話中心のコミュニケーションになります。

そうしたときに叱ると、明らかに返事をする声のトーンが変わる人がいます。どのよう変わるかと言うと、「何で、そんなことを言われなければいけないんですか」といった調子で声のトーンが変わるのです。

あるいは、面を向かって叱ると、明らかに嫌な表情をする新人もいます。

こうした場合、私は「叱られているときには、申し訳なさそうな表情・態度をとりなさい」と指導するようにしています。

たとえば、叱られているときの「はい」という返事ひとつとっても、申し訳なさそうに「はい」と言うのか、あるいは早く終わればいいのにと思って「はい」と言っているのか、相手には伝わります。叱られ慣れていない最近の若者には、それがわからないのです。

こうした教育は、本来は家庭で行なうべきことかもしれません。しかし、それがなされていない以上、職場で行なうしかありません。それも、上司・先輩の仕事です。何よりもお客からのクレームのときなど、本人の身を守ることにもつながることだからです。

会社にお土産を買って帰ろう

たとえば、出張に行った際など、いつも会社でバックアップしてくれている事務の人、あるいは営業アシスタントの人にお土産を買って帰ることも「気配り」です。こうした気配りは、とても大切なことと言えます。

なぜなら、外に出張する立場の人、たとえば営業マンの場合はお客と直接に接するため、お客から評価をされます。そのとき、お客から感謝をされたり注文をいただいたりすると、モチベーションが上がります。

ところが、いつも社内にいる事務の人、あるいは営業アシスタントの場合は、お客から直接感謝をされたり、評価される機会は非常に少ないものです。

ですから、そうした人に対しては、あなた自らが感謝の気持ちを表わすなり、評価を伝える必要があります。そうした際、お土産を買って帰るというのは、手っ取り早くこちらの感謝の意を相手に伝える手段なのです。

たまに営業マンで、「うちのアシスタントは意識が低くて……」と言う人がいますが、そうした営業マンに、「お土産を買って帰ったことがありますか?」と聞くと、決まって「ありません」と答えます。

人に求める前に、まずは自分から与えるという考え方が、人を指導するうえでは必要です。出張に行った際には、上司・先輩であるあなたが率先して、お土産を買うところを見せるべきです。

Chapter 07

責任感を持たせる言葉

月曜日は絶対に休むな

経営者の立場からすると、仕事ができるできない以前に、会社を休みがちな社員というのは信用も信頼もできません。ましてや、月曜日に会社を休む人というのは社会人として論外です。なぜ、論外かと言うと、それは月曜日が休みの次の日だからです。休んでいるのに体調を崩して、翌日の月曜日に会社に出られないということ自体が、社会人としては論外ということなのです。

月曜日に会社を休む人は、どのように見られるかというと、「ああ、会社に出たくないから体調が悪くなるのだな」、あるいは「日曜日に、よほど羽目を外し過ぎたのだな」と思われることでしょう。


責任感の根幹には、「使命感」とともに、やはり「気配り」があります。気配りの第一歩は、「相手を不安にさせない」ということです。

月曜日に会社を休むというのは、一人前の社会人の目から見ると、まず考えられないことだということを、部下や後輩にはしっかりと指導しておく必要があります。仮に、会社に行きたくないわけではなく、あるいは日曜日に羽目を外し過ぎたのでもなく、月曜日の朝本当に体調が悪くなったとします。

それでも、まずは会社に這ってでも時間通りに出てくるべきです。そのうえで、どうしても体調が悪ければ、早退するなり病院に行くなりするべきです。まずは、会社に休まず来ることが責任感の第一歩と言えるでしょう。

飲んだ次の日は
絶対に遅れるな

月曜日は絶対に休まないことと同様、飲んだ日の翌日は絶対に遅刻をしない、というのも社会人のルールです。これも、新入社員のとき、先輩あるいは上司が、しっかりと教えておくべきことです。

私自身、大学を出て新卒で前職の商社に入社した際、歓迎会のときに、先輩から真っ先に言われたのが、「次の日は絶対に遅刻するなよ！」という言葉でした。商社という仕事柄、さまざまな接待などで、お酒を飲みに行く機会は少なくありませんでした。

このような場合、一次会の次は二次会、三次会と続きます。明け方の3時、4時くらいまで飲む機会も多々ありましたが、私が眠そうにしていると、先輩から「お前、明日遅刻したら死刑だからな」と言われたことは、今でも覚えています。

当然のことながら、〝死刑〟などという言葉は、上司としては絶対に使ってはならない言葉です。ただ、それくらいアルコールがからむことについては厳しかった、ということです。

飲んだ次の日に遅刻をする、あるいは休むというのはルーズであることの証明です。そういうことをする人は、仕事でもルーズなはずです。また、アルコールが入ると、その人の本性が現われます。

だからこそ、アルコールが入った際のマナーは何よりも重要です。「飲んだ次の日は絶対に遅れるな」という言葉は、先輩・上司として絶対に押さえておくべきポイントのひとつなのです。

酒を飲んでも態度を変えるな

「無礼講」という言葉があります。いわゆる、昼間の上下関係を忘れて対等に振る舞ってもいいですよ、というのが「無礼講」です。よく、マンガやドラマなどのサラリーマンの宴席のシーンで、「今日は無礼講で！」などというセリフがありますが、実際のビジネスの世界で「無礼講」などはあり得ません。

たとえば前項で、「飲んだ次の日は絶対に遅れるな」という話をしましたが、同様に「飲んでいて覚えていません」というのも、社会人であれば絶対にNGです。

余談になりますが、私の母親はずっと飲食店を経営していました。私が子どもの頃、いつも母親は「飲んでいて覚えていない、なんていうのは絶対にあり得ない」「飲んで態度が変わる人は、一発で信用を落とす」と言っていましたが、その通りだと思います。

「アルコールが入っているのだから許される」という考え方は、「人が見ていなければ、手を抜いても大丈夫」という考え方に直結します。人が見ていても見ていなくても、きちんとした仕事をこなすことがプロ意識であり、さらに突き詰めると、「責任感」ということにもなります。

それ以上に、いかに酒席だったとしても、それが会社の行事や会社のメンバーとの席であれば、それは仕事の延長線上のものということになります。仕事の延長線上で羽目を外すのは、社会人として、絶対にNGなのです。

スポーツと仕事は違う

最近私が強く感じることは、体育会系の出身者ほど、意外と根性がないということです。言い換えると、ストレス耐性が低いということです。

就職活動の際は、体育会系の部に所属していたことが多少有利に働くようですが、就職した後については、少なくとも私が経験してきた中では、体育会系に所属していることによる優位性はまったく感じたことがありません。

なぜそうなるのかというと、それは「責任感の有無」が強く影響しているからです。具体的には、スポーツというのは誰もがそのスポーツが好きで取り組んでいます。〝好きなこと〟だからこそ、苦しい練習や厳しい上下関係にも耐えることができるのです。

ところが、仕事となると話が違います。スポーツと仕事の最大の違いは、仕事は必ずしも自分が〝好きなこと〟ばかりとは限らない、ということです。ときとして、自分が〝嫌いなこと〟であっても、仕事であれば前向きに取り組まなければなりません。むしろ、入社して最初の1年くらいは、どんな仕事であっても「想像していたことと違う」「こんなはずじゃなかった」と思うことがあるでしょう。

嫌なことから逃げていたのでは、社会人として成長することはありません。それが、「責任感の有無」ということです。むしろ、嫌なことも好きになる心構えが必要です。学生時代の部活動と仕事との違いを、上司・先輩は部下・後輩にしっかりと指導する必要があります。

納期に間に合わないときは、必ず事前に報告しなさい

社会人のルールの第一は、約束を守ることです。仕事で行なう約束の代表的なものが「仕事の納期」でしょう。たとえば月曜日、あなたが部下にレポートの作成を指示したとします。「いつまでにできる？」と聞いたところ、「今週の金曜日中には提出します」という答えが返ってきました。ところが、金曜日になってもいっこうにレポートが出てくる様子がありません。

そこで、あなたはその部下に、「今日提出予定のレポート、どうなった？」と聞くと、「すみません。まだできていません……」と言います。相手が新人の場合だとよくある話です。

ここで、「何で約束を守らないんだ！」と叱るのは、私は無意味だと思います。それよりも、「何で、間に合わないと思ったときに相談しないんだ！」という論点で叱ったほうがいいでしょう。

「約束を守らない＝納期に遅れた」ということを論点にすると、それは相手のスキルを責めることになります。本人の文章能力や仕事の優先順位づけ能力が低いために納期に遅れたのであり、こうしたスキルが低いことを責めても改善はされません。

それに対して、「間に合わないと思ったときに相談しない」というのは、それは相手の〝意識〟を論点にしています。相手のスキルは簡単に上がりませんが、意識は上司が指導すれば変えることができます。

本人が改善できることなら叱ってもいいのですが、本人の力ではどうにもできないことに対して、正論だけで叱っても無意味なのです。

リスクを取れ！

仕事は、リスクを取らなければ結果を出すことはできません。たとえば、アルバイトの業務のようにマニュアル化・ルーチン化された仕事であれば、取り立ててリスクを取る必要はないでしょう。しかし、イレギュラーな事柄への対処が前提となる正社員の仕事の場合、リスクを取ることなく仕事を進めることはできないのです。

たとえば、前項の事例のように、入社年次の浅い新人に仕事を頼むと、仕事の締め切り期日になってから、「まだできていません」ということが多々あります。われわれの感覚からすると、「なぜ、間に合わないことがわかった時点で相談をしないのか？」「無責任だ！」と思うものですが、これも結局、その本人が「リスクを取りたくない」ということが要因なのです。

仕事の期日に間に合わないことがわかった時点で上司に報告するのは、もしかしたら叱られるかもしれないし、リスクがあることです。もちろん、そのまま放っておいたまま締め切り期日を迎えるほうが、より叱られることは明白です。

ところが、とりあえずそのときに叱られるのが嫌、リスクを取るのが嫌だから目の前のことから逃げて、ずるずる納期を迎えることになるのです。そこで「無責任じゃないか！」と叱っても、文字通り叱りつけているだけで、本人に対して具体的なアクションを示していません。ところが、「リスクを取って俺に相談してこい！」と言えば、それは具体的アクションに結びつく指導になるのです。

客の責任も
こちらの責任

コンサルタントの場合、一流になれるかどうかは、「客の責任もこちらの責任」と考えて仕事ができるかどうかです。しかし、これはコンサルタントの仕事だけでなく、あらゆる仕事についても言えることです。

たとえば、われわれの仕事の場合、お客にさまざまな資料をまとめていただいてご提出いただく、といったことがよくあります。

お客の側も、不慣れな作業となる場合、約束の期日までに資料が出てこないこともよくあります。こうしたとき、「お客が資料を出してこないのだから仕方がない」といった態度を取る人がいます。また、提出期日になって資料が届かないのに、そのことに対して、客先に確認すら取ろうとしない人もいます。

私はこういうとき、よく部下に「お客の責任もキミの責任だ！」と指導するようにしています。資料が出てこないのであれば、現在どうなっているのか確認を取るのはもちろんのこと、最終的に出せるのか出せないのか、出せないのであればどういう形の資料なら出せるのか、そこまで客先と話を詰めなければ、窓口をしている意味はありません。

心のどこかで「お客が悪いのだから仕方がない」と思っているとしたら、無責任な仕事しかできないでしょう。

まさに、客の責任も自分の責任と考えなければ、質の高い仕事はできないのです。

大きなカバンを持て

料金受取人払郵便

神田支店
承　　認

8188

差出有効期間
平成26年８月
31日まで

郵便はがき

101-8796

511

（受取人）
東京都千代田区
神田神保町1－41

同文舘出版株式会社
愛読者係行

毎度ご愛読をいただき厚く御礼申し上げます。お客様より収集させていただいた個人情報は、出版企画の参考にさせていただきます。厳重に管理し、お客様の承諾を得た範囲を超えて使用いたしません。

図書目録希望　　有　　　無

フリガナ お名前		性　別 男・女	年 齢 才
ご住所	〒 TEL　　　（　　　）　　　　Eメール		
ご職業	1.会社員　2.団体職員　3.公務員　4.自営　5.自由業　6.教師　7.学生 8.主婦　9.その他（　　　　　　　）		
勤務先分類	1.建設　2.製造　3.小売　4.銀行・各種金融　5.証券　6.保険　7.不動産　8.運輸・倉庫 9.情報・通信　10.サービス　11.官公庁　12.農林水産　13.その他（		
職　種	1.労務　2.人事　3.庶務　4.秘書　5.経理　6.調査　7.企画　8.技術 9.生産管理　10.製造　11.宣伝　12.営業販売　13.その他（　　　　）		

愛読者カード

書名

お買上げいただいた日　　　　　年　　　月　　　日頃
お買上げいただいた書店名　（　　　　　　　　　　　　）
よく読まれる新聞・雑誌　（　　　　　　　　　　　　）
本書をなにでお知りになりましたか。
1．新聞・雑誌の広告・書評で　（紙・誌名　　　　　　　）
2．書店で見て　3．会社・学校のテキスト　4．人のすすめで
5．図書目録を見て　6．その他（　　　　　　　　　　　）

本書に対するご意見

ご感想

●内容	良い	普通	不満	その他（　　　）
●価格	安い	普通	高い	その他（　　　）
●装丁	良い	普通	悪い	その他（　　　）

どんなテーマの出版をご希望ですか

<書籍のご注文について>
直接小社にご注文の方はお電話にてお申し込みください。宅急便の代金着払いにて発送いたします。書籍代金が、税込 1,500 円以上の場合は書籍代と送料 210 円、税込 1,500 円未満の場合はさらに手数料 300 円をあわせて商品到着時に宅配業者へお支払いください。

同文舘出版　営業部　TEL：03－3294－1801

私はコンサルタントという仕事柄、客先から重要資料を預かる機会が少なくありません。そうした書類を預かる以上、絶対に、汚す・折り曲げるということは許されませんから、私は常に複数のA4サイズのファイルが確実に収納できるキャリーバッグを使用しています。

ところが、ビジネス経験の浅い若手を見ると、薄い皮でできたペラペラのカバンを持ち歩く人を見かけます。そんな薄いカバンに、ノートパソコンや書類を詰め込むと、書類の端が曲がったり破れたりするのではないか、と心配になります。

こうした若手と同行すると案の定、持ってこさせた議事録の端が曲がっていたり破れていたりします。

たしかに、大きくて重たいキャリーバッグを持ち歩くよりも、軽くて薄いカバンのほうが、見た目にはスマートでしょう。

しかし、本当に責任感があって、仕事の先の先まで考えることができていれば、薄いカバンを持ち歩くことはないはずです。私はこうした若手に対しては、「なぜ、先輩で顧問先もあって稼いでいる俺が大きなカバンを持って、新人で顧問先もなくて稼げていないキミが薄い軽いカバンなんだ」と、ハッキリ言うようにしています。

社内を見ても、ベテランコンサルタントは皆、キャリーバッグを持っています。まずは、持ち物からだけでも、ベテランの真似をさせるべきでしょう。

会社の備品、支給品は大切に扱え

私はマネージャーとして、新卒から中途採用まで、多くの部下を見てきましたが、会社の備品や支給品を粗末に扱う人で仕事のできる人を見たことがありません。仕事ができない人ほど、会社の備品や文給品を粗末に扱います。

以前、他部門でどうにも結果を出すことができず、私のグループで引き取った部下がいました。彼は本章でも述べた、酒が入ると態度が変わる、期日になっても仕事ができていない、事前に報告もない、という問題がありましたが、それ以上に会社からの支給品の扱い方がとても雑でした。ノートパソコンを見ると、ある個所に傷がいっぱい入っていて表面が削れています。「このノートパソコン、何でここだけ削れているんだ?」と聞くと、「キーボードを叩くとき、腕時計の金具があたるんです」と言います。「じゃあ、パソコン使うときは時計を外せよ!」と私は叱責しましたが、会社から支給されたものだから、自分のものではないから雑に扱うというその誠意のなさ、言い換えると責任感のなさが最大の問題なのでした。

彼とは話し合いの機会を何度も持ち、彼は結局退職して別の会社に転職することになりました。そのとき、とにかく誠実さ、気配り、相手の立場に立つことを徹底するようにアドバイスしました。

こうしたことは、すべて責任感につながることです。現在彼は、新しい職場で高い評価を受け、リーダーとしてがんばっているようです。

問題が起きるのは仕方がない、問題にどう対処するかだ

仕事をしている以上、問題は常に発生します。もっと言えば、生きている限り、問題は必ず発生します。問題が起きることがまずいのではなく、その問題に対して対処できないことがまずいのです。

たとえば最近、どうすれば幸せになれるのか、といった「幸福論」のような話がはやっているようです。本書の趣旨ではないので、このテーマに深入りはしませんが、幸せになるポイントはただひとつ、不幸にならないことです。

では、どうすれば不幸にならないかというと、発生した問題を放ったらかしにしない、ということです。いわゆる運が悪い人、物事がうまくいっていない人の共通点は、発生した問題に対処せず、放ったらかしにしていることです。

たとえば、本章の中でも述べた、納期に遅れそうなときは事前に連絡する、ということも問題への対処です。また、「リスクを取る」ということも問題への対処です。

少なくとも、仕事の中で起きる問題で、解決不可能なものはありません。上司や先輩、あるいは同僚に相談して手を借りれば、必ず問題解決は可能なはずです。

そこに必要なのは、起きた問題から逃げない「責任感」と同時に、リスクを取るという形での勇気だと思います。プライベートの問題にしても同じです。いわゆる「幸福論」に対する答えは、非常にシンプルなものと言っていいでしょう。

Chapter

08

モチベーションを上げる言葉

さすが！

部下のモチベーションを上げるために必要なことは、部下の「承認欲求」を満たすことです。人間には、5つの欲求があります。それは、①生存欲求　②安全欲求　③承認欲求　④自我欲求　⑤自己実現と言われるもので、①⇩②⇩③⇩④⇩⑤の順番に、高い次元の欲求ということになります。

また、この欲求段階というのは、低い次元の欲求段階が満たされないと、次の次元の欲求段階には至ることはありません。

一般に、〝モチベーションが高い〟と言われる人は、この5つの欲求段階のうちの4番目の「自我欲求（自分なりに工夫したい、自分らしさを出したいという欲求）」に至った人です。

したがって、部下のモチベーションを上げるためには、3番目の「承認欲求」を満たしてあげる必要があります。「承認欲求」とは文字通り、〝周りから認められたい〟〝承認されたい〟という欲求です。これを満たす最も効果的な方法が、相手を〝ほめる〟ということです。さらに簡単な方法が、〝相手に声をかける〟ということです。

相手のことをほめるのは苦手、という人も多いようです。しかし、部下のちょっとした成果に対して、「さすがだね」「成長したね」と、ひと言声をかけることはできるはずです。「さすがだね」「成長したね」という言葉も、上司から部下への評価です。うまくできたことに対してはほめる、よい評価を明確に示すことが大切なのです。

お客さんがキミのことをほめていたぞ

前項で述べた通り、部下のモチベーションを上げるために必要なことは「承認欲求を満たす」ことであり、そのための最も効果的な方法が「相手をほめる」ということです。

〝ほめる〟にもさまざまな方法があります。たとえば、上司が自らの言葉で部下をほめるのもひとつの方法ですが、それだけでなく、「お客さんがキミのことをほめていたぞ」、あるいは「上司の○○部長が、キミのことをほめていたぞ」といった具合に、別の人がほめていたことを本人に伝える、という方法もあります。

心理学的には、本人に直接「そのネクタイ、よく似合っていますね」と伝えるよりも、「いつもネクタイのセンスがいいと、○○さんが言っていました」と、〝別の人がほめていました〟と伝えるほうが相手の納得性が増す、と言われています。

さらに、自分のことをほめた別の人だけでなく、そのことを伝えてくれた人に対しても、同様の好感を持つと言われています。

たしかに、「最近、がんばっているねえ！」と無理にほめるよりも、こうしたほめ方のほうが、相手にとっては自然に聞き入れることができます。また、部下をほめるのが苦手という人も、「○○さんが、キミのことをほめていたぞ」と伝えるのであれば、容易にできるはずです。「7回ほめて3回叱る」という言葉がありますが、上司にとって部下をほめることは必須のことなのです。

これは俺でもできないよ

本当に部下を育成・戦力化しようとするならば、何かひとつでいいので、上司であるあなたよりも得意な分野・秀でた分野を伸ばすように指導をするべきです。おそらく、すべての能力・スキルにおいて、あなたの部下というのは、戦力としては見込めないはずです。

しかし、何かひとつの分野でもいいので、あなたよりも得意な分野・秀でた分野を持っている部下は、戦力となっているはずです。

そして部下が、自分よりも得意なこと・秀でたことを身につけることができたら、「すごいね」「これは俺にもできないよ」とほめることが大切です。

たとえば私の場合は、経営コンサルタントです。経営コンサルティング全般ということになると、若手も私を抜くことはなかなかできないでしょう。

しかし、インターネットについて徹底的にくわしくなり、特定キーワードに対して検索順位を上げるといった、SEO対策ノウハウについて私を抜くことは、やる気さえあればできます。

あるいは、営業・販売の仕事であれば、何か特定の商品について徹底的にくわしくなり、その商品の知識については誰にも負けない、といった、自分だけの「一番」の分野を持つことが成長への早道です。

こうした考え方を、船井総研では「一点突破全面展開」と言っています。何かの分野で部下を一点突破させること、さらにそれを認めてほめることも、上司の重要な仕事なのです。

困ったことがあれば、何でも相談に来るように

先ほども述べたように、人は低次元の欲求が満たされて、初めてその上の欲求段階に上がることができます。

ですから、部下のモチベーションを上げるためには、「承認欲求」を満たすことにより「自我欲求」の段階に上げることが求められます。しかしそれ以前に、「承認欲求」の下の「安全欲求」を、上司として常に満たしてやる必要があります。

たとえば、〝明日、会社が潰れるかもしれない〟という状況になると、この「安全欲求」が揺らぐことになるため、モチベーションが上がりません。あるいは、上司であるあなたがいつもイライラしていて、些細なことで後輩・部下を叱り飛ばすようなことがあると、やはりこの「安全欲求」が揺さぶられることになります。

上司としては、部下の「承認欲求」を満たすと同時に、「安全欲求」が揺さぶられない環境をつくる必要があります。そのためには、上司として自分のチームから落伍者を出さない、という意思表示をはっきりと部下に対して行なうべきでしょう。それは、「俺がとことん教育してやる」でもいいし、または「困ったことがあれば、何でも相談に来るように」という言葉でもいいのです。

私も毎年、新入社員に対して、私の携帯の番号を教えて、「本当に困ったら、いつでも電話をしてくるように」と伝えています。上司としては、部下が安心して仕事に取り組める環境をつくるべきなのです。

これは雑用じゃない、重要な仕事だ

部下に仕事を依頼する際、その仕事が常に重要でやりがいのある仕事であるとは限りません。ときとして、単なる雑用・単純作業を依頼することもあります。こうしたとき、ただ「やっておいて」と指示をしても、指示される側のモチベーションは上がりません。

心理学に、「1：1・6：1・6の二乗の法則」と言われるものがあります。これは〝無理やりやらされた仕事のアウトプット〟を1とすると、〝納得して行なった仕事のアウトプット〟はその1・6倍。さらに〝自ら自発的に行なった仕事のアウトプット〟は1・6の二乗、すなわち2・56倍になるというものです。リーダーとしては、少なくともこの中の〝1・6倍〟の仕事をしてもらうべきです。

そのためには、仮に雑用だったとしても、その仕事が仕事全体の中でいかに大切か、ということを理解・納得させたうえで取りかからせるべきです。

最もまずいことは、こうした雑用を「自分がやったほうが早いから」と、リーダー自らが行なうことです。部下ができることを、リーダーが行なってはいけません。部下ができることは、部下にやらせなければ、チームとして生産性の高い仕事はできません。

ただし、そうした仕事を部下に丸投げ、あるいは無理やりさせるのではなく、本人に「重要な仕事だ」と納得させたうえであたらせることが大切なのです。

キミにしか
頼めない
仕事だから**頼**むよ

私も部下に、明らかにたいへんな単純作業を頼むことがあります。たとえば、コンサルティングの現状分析で必要なデータ入力、あるいはセミナーDMを送付するためのリスト制作等が、そうした仕事にあたります。

このような仕事であっても、リーダーとしては部下に対して「納得して行なう」、あるいは「自発的に行なう」ことを意識して、仕事の指示を出す必要があります。

ですから、ただ「○○までに頼むよ」「○○までにやっておいて」などと、雑用を頼むような指示の出し方をするべきではありません。

そうではなく、「この入力は間違いが許されないから、新人だけには任せられない。よろしく頼むよ」「キミだったら信用できるから、よろしく頼むよ」など、あくまでも大切な仕事を信用できる人に頼んでいる、ということを強調するべきです。

また、一方的に締め切りを決めるのではなく、「いつまでにできる?」と本人に納期を示させたうえで、話し合いながらその仕事の納期を決めるべきです。

さらに、ボリュームのある作業を部下に依頼した場合は、締め切りの前のタイミングを見計らって「どれくらい進んだ?」「順調に進んでいる?」「重要な仕事だから、よろしく頼むよ」と、要所要所で進捗をチェックすると同時に、部下のモチベーションが上がるようなフォローの声をかけるべきなのです。

俺たちの仕事は、世の中の役に立っているんだ

仕事の目的には、さまざまなものがあります。生活のためであることはもちろん、自分自身のスキルアップのためでもあり、さらに多くの人は何らかの形で仕事を通して世の中の役に立ちたい、あるいは社会貢献をしたいと考えています。とくに、若い人ほどこうした傾向が強いようです。リーダーであれば、部下に対して仕事の動機づけを行なう際、いかにその仕事が世の中の役に立っているのかを明確に示すべきです。

たとえば、私は前職では商社に勤めていました。私の部署では、工場に対して、工作機械を販売していたのですが、一見すると商社は、メーカーとユーザーの間に入っているだけです。ところが実際には、工作機械の選定には専門的知識が必要なうえ、購買頻度がきわめて低く、ユーザーの立場からすると、自社の仕事にどの機械がベストなのかがよくわかりません。

メーカーの立場からすると、自社の営業だけで日本全国をカバーするのはたいへんなことです。そこで、商社の存在が必要不可欠となるのです。

前職の先輩でも、「商社は世の中の役に立っている」という先輩もいれば、「ただ間に入っているだけで、機能をはたしていない」と自嘲気味に話す先輩もいました。では、どちらの先輩のことを尊敬できたかと言えば、もちろん前者の先輩です。

あなたは、後輩から見て、どちらの先輩に映っているでしょうか。

俺が払っとくよ

後輩・部下と食事、あるいは飲みに行って〝割り勘〟にするのはどうかと思います。少なくとも、多少は後輩・部下よりも、給料を多くもらっているはずです。

ましてや、役職がつけば管理職手当ても出ているはずです。いつも全額奢る必要はありませんが、たとえば2人で1600円の会計なら、後輩・部下に1000円を渡して、「後は出しておいて」とするべきでしょう。

また、後輩や部下に雑用を頼むこともあると思います。ふだん、雑用を頼む代わりに仕事を教える、さらに多少は勘定を多めに出す、もっと言えば奢ることは、上司であれば当然心がけるべきことです。

実際、私自身の経験でもそうだし、コンサルティング先を見ていて、リーダーシップに難がある人に限って、完全に別会計にするか、あるいはきっちりと〝割り勘〟にしようとします。

後輩・部下の立場からすると、たとえわずかな金額であっても奢ってもらうと、やはり多少の尊敬の念は生まれるものです。

こうした日々の小さな積み重ねは、結果的に非常に大きなものになります。また、上司・先輩の立場から言えば、後輩・部下への指導・教育はもちろんですが、金銭的に何かを奢るということも含めて、それは「投資」なのです。何事も、「投資」をしないことには、それをモノにすることはできないはずなのです。

俺もサポートするから

たいへんな仕事を抱えている部下に対して、ただ「がんばれ」と言うだけでは、言葉が足りないと思います。

なぜなら、「がんばれ」というのは、相手に対して一方的に投げている言葉に過ぎず、こちらの支援姿勢やその仕事に対しての意思は入っていないからです。

それに対して、「俺もサポートするから」という言葉であれば、これは相手に対して一方的に投げている言葉ではなく、こちらも相手に積極的に関わることを伝えている言葉です。ただ一方的に「がんばれ」とだけ伝えるのではなく、「俺もサポートするから」と伝えたほうが、相手からの共感が得られることでしょう。

「がんばれ」という言葉は便利な言葉だし、私も嫌いな言葉ではありません。しかし、この「がんばれ」という言葉はどんなシーンでも、どんな相手に対してでも使うことができる言葉です。それだけに、言葉としては便利かもしれませんが、安易に使い過ぎると〝無責任〟に受け取られるかもしれません。

部下の立場からしても、ただ「がんばれ」と言われるより、具体的にどうすれば現在の問題を効果的に解決できるのか、少しでも具体的なアドバイスをもらえたほうがプラスになるはずです。

私自身、とくにメールを送るときには、ただ「がんばれ」と書くことは避けるようにしています。それよりも具体的なアドバイスを書くか、こちらの支援姿勢を明確に伝えるようにしています。

Chapter 08

「夢」を売る仕事をしよう

自分自身の仕事をどう定義するかによって、ふだんの動き方が変わってきます。私は、部下にもいつも言っていますが、仕事とは「夢」を売るものだと考えています。「夢」を売るということが仕事の定義になれば、自ずと動き方や発言内容も変わってくるのではないでしょうか。

たとえば先日、髪を切りに行ったときの話です。その床屋の主人は、この不景気でお客の来る回数が減った、といつも嘆いていました。その店は、主人とアシスタントで店を回しているので、その主人は私の次に来たお客の髪を切りにかかっていました。その際、「お客さん、白髪が増えましたね」と、お客に話しかけているのです。「白髪が増えましたね」と言われて、うれしい人がいるでしょうか。

たしかに、この床屋の主人は腕はいいのですが、仕事への定義が私と異なるようです。もし、この主人の仕事の定義が「夢を売る」ということであれば、お客に対して「白髪が増えましたね」などといった発言は絶対に出ないはずです。

営業の仕事にせよ、販売の仕事にせよ、あるいは製造の仕事にしても、自分の仕事の定義が「夢を売る」ということであれば、お客への対応は自ずと変わってくるはずだし、いい加減な仕事はできなくなるものです。それ以上に、自分自身のモチベーションも上がり、毎日が充実したものになるでしょう。

Chapter 09

効果的に叱る言葉

キミらしくないな！

部下への教育は、「ほめる」とともに「叱る」という行為もワンセットとなります。「ほめる」ばかりでは、部下が一人前になることはありません。むしろ〝半人前〟の相手を不用意にほめると、それで成長が止まってしまい、逆効果になることもあります。

かと言って、厳しく叱り過ぎると、相手を追い詰めることになるばかりか、「パワーハラスメント」として、法的な問題となるリスクもあります。リーダー・上司として、うまく〝部下を叱る技術〟を身につけておくことは必須と言えるでしょう。

そうした意味で、「キミらしくないな！」という言葉は、叱る言葉としては相手を否定することもなく、同時に相手に深く考えさせるという意味で、効果的な言葉と言えるでしょう。

この言葉の中には、〝キミならできるはずなのに〟〝期待していたのに〟という、「相手に対して、今までも・これからも期待している」というニュアンスが込められています。また、この表現であれば、叱るにしてもソフトな言葉ですから、相手がパート社員等、あまりきつく叱ると逆効果になってしまうケースにも適用できます。

いずれにせよ、〝あなたのことを今後も期待していますよ〟というこちらの意思が、相手にしっかりと伝わるように叱らないと、相手の行動が変わることもありません。それでは、叱ることの意味そのものがなくなってしまいます。

Chapter 09

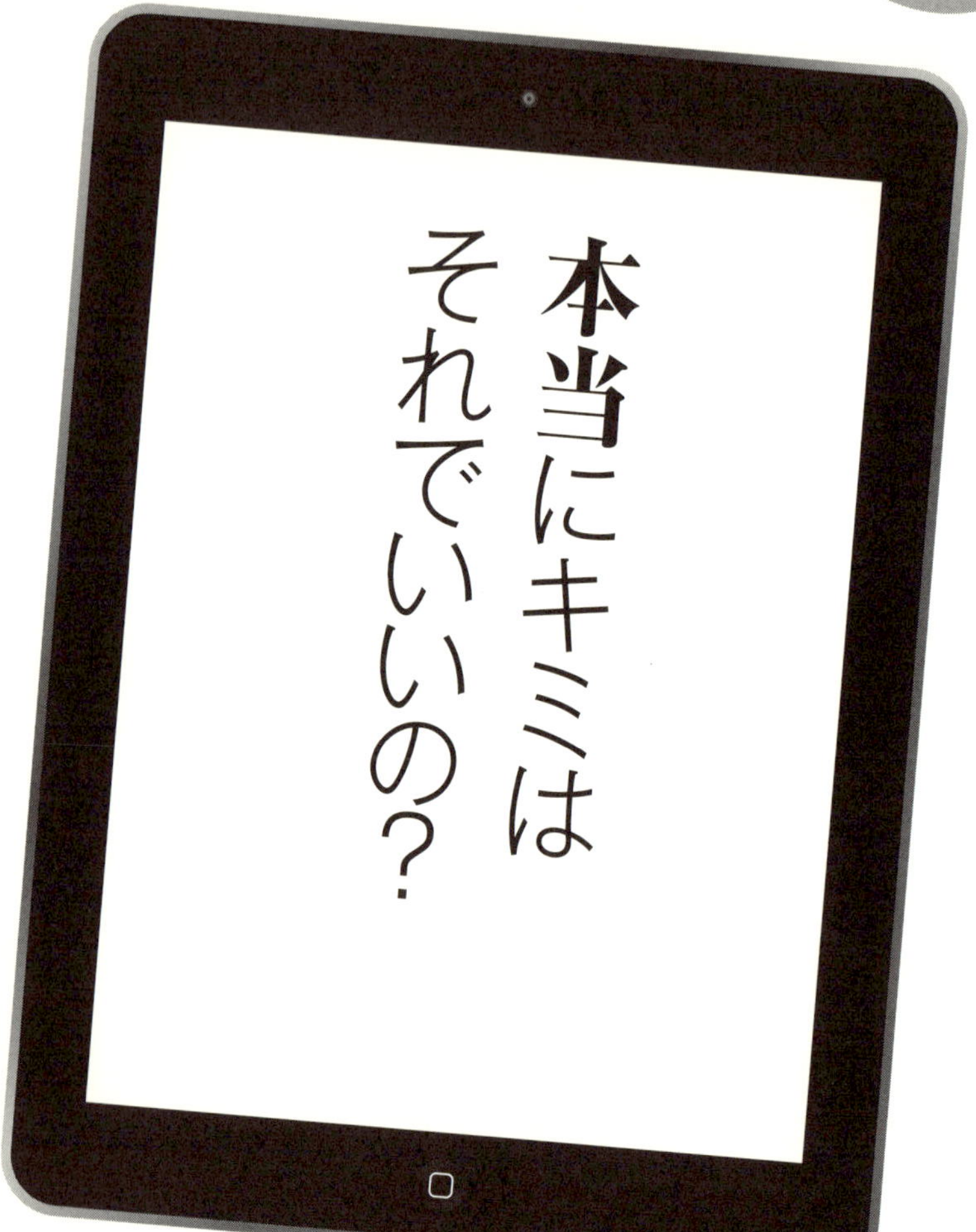

「怒る」ことと「叱る」ことは、その意味がまったく異なります。「怒る」とは、自分の感情を一方的に相手にぶつけること、「叱る」とは、相手の立場に立って教育・指導を行なうことです。

たとえば、何度も遅刻を繰り返す新人がいたとします。社会人として、遅刻は許される話ではありませんから、この新人が100%悪いということになります。しかし、だからと言って、この新人を頭ごなしに叱りつけても、その行動は根本的には変わりません。

それよりも大切なことは、どうすれば遅刻をしなくなるのか、根本的な対策を施すことです。たとえば、遅刻の原因が朝寝坊で、その原因が二度寝であるなら、目覚まし時計を何台かセットしておくことが、根本的な対策になるでしょう。

リーダー・上司として、ただ叱るのではなく、具体的な答え・対策を明示しなければ、部下の行動は変わらないのです。

さらに、行動を変えるためには意識を変えなければなりません。意識を変えるためには、本人自らに考えさせ、気づかせる必要があります。そのとき、「本当にキミはそれでいいの?」と相手に質問をして、相手に考えさせるのです。遅刻は誰が考えてもまずいことですから、そのままではダメなことに議論の余地はありません。

そのうえで、「じゃあ、目覚まし時計を何台か買って、セットしておきなさい」と、具体的な解決策を提示すべきなのです。

これはプロの仕事じゃない

「叱る」ということもリーダーシップであり、言い換えると、〝人を動かす技術〟のひとつと言えます。前章でも述べましたが、人を動かす際には、「無理やり動かす」のではなく、少なくとも「納得させて動かす」、またできれば「自主的に動かす」ことが大前提です。

「叱る」にしても、叱られた相手から「なぜ叱られたのか、理解できない」と思われてしまったのでは、それこそ叱ることの意味がなくなってしまいます。

「叱る」うえで絶対に気をつけなければならないことは、叱ったことに対して、相手からの納得を得るということなのです。

そうした意味で、「これはプロの仕事じゃない」という言葉は、本章の冒頭で挙げた「キミらしくないな！」の上のレベルにあたる言葉と言えます。

まずは、自分ができることからベストを尽くして行なう段階が、「キミらしくないな！」の段階です。さらに、その上の仕事、つまり、「プロとしての仕事」を求めるのが次の段階なのです。

ちなみに、私の中で「プロの仕事」とは、①相手を感動させる（相手の期待以上である）こと②再現性があること　③見えないところまで手を抜かない　ということです。

こうした自分なりの基準のことを〝価値観〟と言います。リーダーであれば、ブレない自分なりの価値観をしっかりと持っておくことが必要なのです。

俺の目を見ろ

相手を「叱る」際に大切なことは、こちらが〝本気〟であることを相手にわからせることです。こちらが叱っているのに相手から軽く見られる、あるいは反発されるというのは、逆効果以前の問題です。

こちらが本気で叱っているのに相手が本気で聞いていない場合、「俺の目を見ろ」と言って、こちらの本気度を相手に伝えるべきです。私自身の経験で言っても、意識を変えてもらわなければならない根本的な話になると、目を背けて下を向いて「早く時間が過ぎないかな」といった態度を取る人がいます。

こうしたときに「俺の目を見ろ」と言えば、相手はハッとした表情になります。それは、こちらの本気度が伝わったということです。

逆に、絶対にしてはならないことが、叱った側が叱ったことに対して、後から「少し言い過ぎたかな」「さっきは言い過ぎたね」と、叱ったことを取り繕う様な発言をすることです。

これは叱られた側からすると、「だったら、言うなよ！」ということになり、叱ったこと自体がマイナスとなって終わります。それだけではなく、優柔不断でポリシーのないリーダー・上司というレッテルが貼られ、その後のリーダーシップそのものにも悪い影響を与えます。

このように、「叱る」ということはリスクを伴うことでもあります。しかし、リーダー・上司として、「叱る」ことも含めて自らリスクを取らなければ、部下がついてくることもないのです。

そこは笑うところじゃない

6章でも述べましたが、とくに最近の若い世代の中には叱られることに慣れていない人がいます。叱られることから逃げていたのでは、成長することはありませんから、上司・先輩としては〝よい叱られ方〟を指導してあげる必要があります。

たとえば、本人は叱られたことへの照れ隠しのつもりかもしれませんが、注意されたことに対して笑って応える人がいます。

私は、こうした態度を取る若手に対しては、「そこは笑うところじゃないんだよ」と、厳しく諭すようにしています。

前項でも述べた通り、叱る以上、こちらの本気度が相手に伝わらなければ意味がないからです。また逆に、これは女性に多いのですが、厳しい指摘をすると人前で泣く人もいます。相手を泣かせるような叱り方をするべきではありませんが、なかには確信犯的に涙を流す人もいます。

こうしたケースの場合は、「泣かれても困ります。仕事ですから」と、ハッキリ伝えるべきです。泣かれたからといって、こちらが対応を変えるようでは、先ほど述べた、叱った後から「あのときは言い過ぎた」と言うのと変わらなくなります。それ以前に、泣かれたからといって動揺するようでは、リーダー・上司は務まりません。

リーダー・上司は、きちんとした見識を持ち、その場その場に合った態度・行動を毅然と指導していくことが求められるのです。

まず謝りなさい

また、最近の若い世代によく見られる現象として、何か間違いやミスをしても、「謝らない」「謝ろうとしない」ことが挙げられます。これは、最近の若い世代の特性かもしれません。

たとえば私もそうですが、現在の30代半ばから後半の世代より前であれば、学校の先生に厳しく叱られた経験や、場合によっては体罰を受けるといった経験をされた方も少なくないのではないでしょうか。

ところが、われわれの世代の少し後くらいからは学校教育の中では体罰が許されなくなり、また〝モンスター・ペアレンツ〟という言葉の流行に見られる通り、ＰＴＡや親の発言力が増した結果、学校の先生が生徒を厳しく叱る場面はめっきりと減ったようです。

さらに家庭内での、親子の友達化現象が急速に進んだのも、われわれの世代以降です。それに加えて、「謝ると、こちらの非を認めることになる」といった考え方も、簡単には「謝らない」若い世代が増えた理由だと思われます。

いずれにせよ、間違いを間違いと認めて、まずは「謝る」という素直な心を持たないと、周りを不愉快にさせるばかりか、同じ間違いやミスを繰り返すことになります。

何か間違いやミスが起きて、その当事者である部下から謝罪の言葉が聞かれなければ、叱る前に「まず謝りなさい」とはっきり言うべきでしょう。これが社内のうちならまだしも、社外で同じ態度を取るようなことがあれば、大きなクレームにつながりかねません。

質問にきちんと答えろ

物事から〝逃げて〟いたのでは、結果を出すことはできません。叱っている際、こちらから投げた質問にきちんと答えないというのも〝逃げて〟いるのと同じです。

たとえば、ある部下に仕事を頼んでいたときの話です。期日になって、「あの仕事、どうなった？」と確認したところ、「すみません。まだできていません」という返事でした。そこで私は、「忙しくてできないのはわからないでもないけど、じゃあ、なぜ『すみません。期日に間に合いそうもありません』という事前の報告がないの？」とたずねました。そのときは、街を歩きながら信号待ちをしているときのことでした。

ところが、信号が変わって歩きはじめても、彼は何も答えようとはしません。2～3ブロック歩いたところで私は立ち止まり、「キミ、俺の質問に答えろよ」と改めて問い質すと、彼は「すみません。報告するべきでした……」と答えました。

こうした話はよくあることです。また相手は、学校を出たての新人とは限りません。このときも、社会人経験が10年以上もある中途入社の社員が相手でした。「臭いものには蓋」という諺がありますが、彼は今までの仕事で、何か問題が起きても問題解決をしなくてもいい立場だったのでしょう。

プロの仕事は、「嫌なことから逃げない」ことが鉄則です。「嫌なことから逃げない」ことの第一歩は、相手の質問に、誠心誠意きちんと答えることなのです。

キミが
俺の立場なら
どう思う？

結局、叱る理由ということは突き詰めると、「相手の気配り不足」ということになるものと思われます。

たとえば、前項の仕事の納期遅れの話にしても、「仕事が間に合わないことを事前に伝えないと、後工程の人に迷惑がかかる」という〝気配り〟がその部下にできていれば、叱ることはないのです。〝気配り〟というのは、言い換えると〝相手の立場に立つ〟ということです。

そうした意味でも叱る際に、「キミが俺の立場ならどう思う？」と諭すのも、まさに〝相手の立場に立つ〟ことを理解させるうえで有効なことです。

とはいえ、上司の力を１００とするなら、部下の力は高くて60くらい、平均が30～40といったところでしょう。

上司・リーダーとしてうまくやっていくポイントは、こうした自分と部下の力の差を受け入れ、相手を「受容」できるかどうかにあります。さらに、この〝力の差〟は「気配り力」、「相手の立場に立てる力」の差であり、さらに突き詰めると「先を読む力」の差とも言えます。

本書でも、繰り返し「気配り」の重要性については述べていますが、それだけ「相手の立場に立つ」ことは難しいことなのです。

上司・リーダーとしてはこのことを頭に入れ、相手を「受容」したうえで、「気配り」「相手の立場に立つ」ことの重要性を粘り強く指導していくしかないでしょう。

これは単純ミスではなくて、スタンスの問題だ

経験の浅い人、スキルが低い人ほど、単純ミスを繰り返します。たとえば、誤字・脱字などがその代表的な例です。とくに議事録等で、相手の会社名を間違える、あるいは役職・氏名を間違えるというのは致命的なミスです。ところが前述の通り、何度指摘しても同じミスを繰り返し起こす人がいます。

これは、本人の仕事に対する「スタンス」に問題があるにもかかわらず、本人は「単純ミス」だと認識している〝意識のギャップ〟が原因です。この〝意識のギャップ〟を埋めていくのがリーダー・上司の仕事であり、〝叱る〟ということもその方法のひとつです。

たとえば、誤字・脱字を繰り返す人に、「キミは、なぜ同じミスを繰り返すのだと思う？」と聞いてみたらいいでしょう。多くの場合、「チェックが甘かったようです」「見落としていました」といった答えが返ってくるはずです。そこで、「キミは、単純ミスだと思っているだろう？」と聞くと、大半の人が「はい」と答えます。

しかし、私ならここで「これは単純ミスじゃない。キミの仕事へのスタンスに問題がある」と指摘します。仕事とは、いかに「自分の値打ちを売る」かが勝負です。本当に自分自身や自社の信用を落としたくないなら、絶対に間違えてはならないポイントは何度もチェックするはずです。誤字・脱字なんて、たいしたミスではない、というスタンスでいるから、同じミスを何度も繰り返すのです。

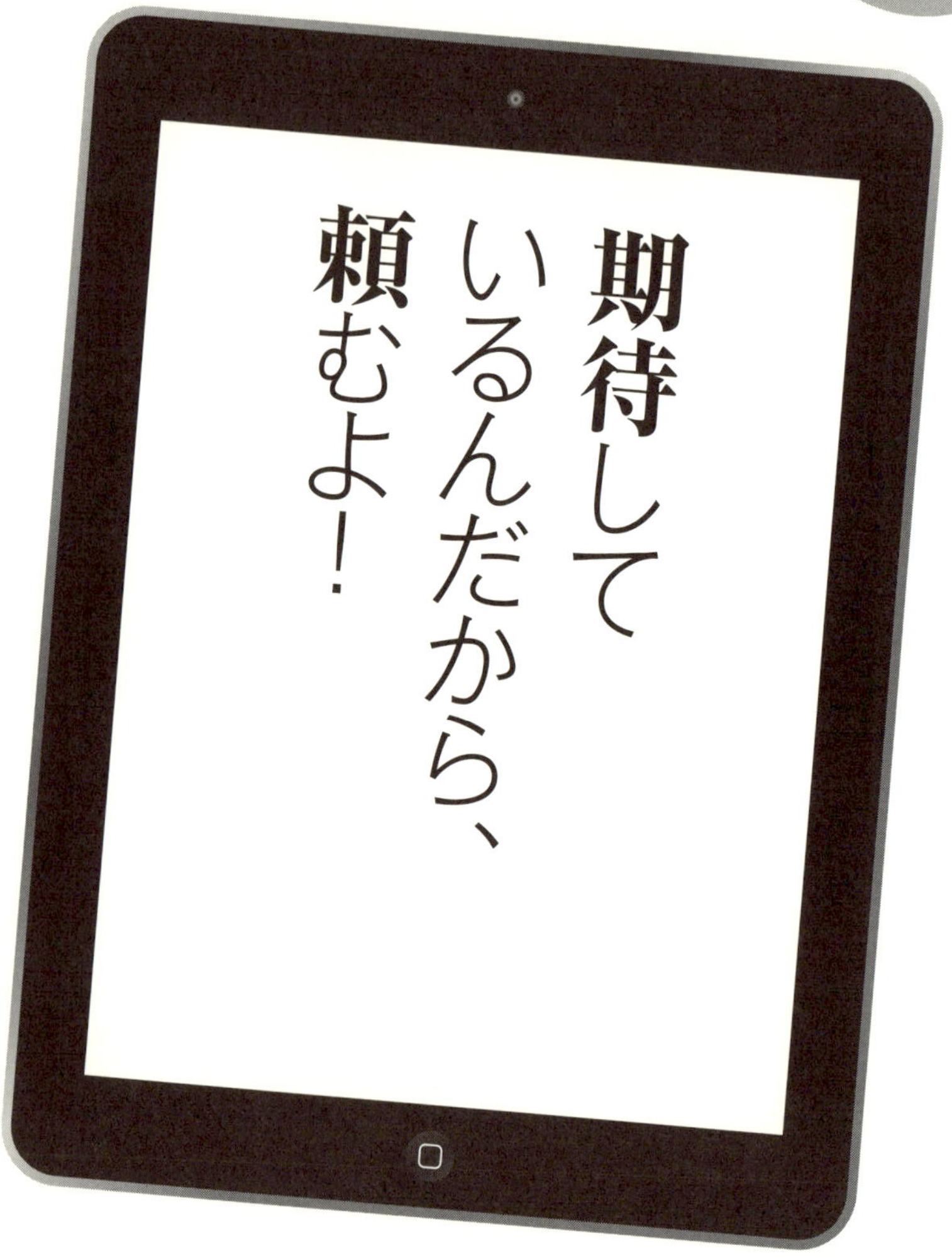
期待して
いるんだから、
頼むよ！

相手を叱るうえで最も大切なことは、絶対に相手を追い詰めないことです。具体的には、叱る中でも「具体的な答え」を相手に明確に示すと同時に、最後は「キミに期待しているから叱るんだよ」という意思表示をすることが大切です。

いわゆる〝パワハラ〟が問題となるのは、叱り方の内容に問題があるから発生するのです。「具体的な答え」を示さずに、解決不可能なことについて責めたり、業務とは関係のない個人的なことについて叱責する等といったことが、問題のある叱り方です。

こうした叱り方は、相手を追い詰めることになり、問題が解決しないばかりか、相手を精神的に追い詰めてしまう、あるいは〝パワハラ〟で訴えられる可能性もあります。

本来、「叱る」というのは、相手のことを思って指導しているのであって、叱った結果が本人のモチベーションダウンにつながるような叱り方をするのではなく、本人のモチベーションアップにつながる叱り方をするべきなのです。

そのためには、前章でも述べた欲求の五段階説の中の、「承認欲求」を満たす叱り方を考えなければなりません。それが、「キミのことを期待しているから言っているんだよ」「期待しているんだから頼むよ！」という言葉なのです。

あるいは、「来年からキミにも後輩を指導してもらうのだから」等、こちらの期待が明確に相手に伝わる叱り方が必要なのです。

Chapter 10

後輩・部下への接し方を教える言葉

尊敬されることがリーダーシップの基本

最初は新入社員だった後輩・部下も、そのうち自分自身が後輩や部下を持つ立場となり、指導を行なっていくことになります。

そうなると、あなたはリーダーとして後輩・部下に対して、部下への接し方・リーダーシップの取り方を指導する必要があります。

そのときに、真っ先に教えなければならないことは、「尊敬されることがリーダーシップの基本」ということです。リーダーになって間がない人から「部下が言うことを聞かない」、あるいは「反発される」といった話を聞くことがありますが、これは、部下がリーダーのことを尊敬していないことの結果です。

私は、部下から「後輩が自分の言うことを聞かないので、片山さんから注意してください」と言われたら、「それは、キミ自身が尊敬されていないからであって、キミの責任だ」と、逆に本人に注意するようにしています。

後輩・部下から尊敬されるためには、まずは自分自身が「尊敬されよう」と心から思うことが必要です。たとえば、8章8項でも述べましたが、部下に〝奢る〟〝投資する〟ことも必要でしょう。あるいは、自分自身が遅刻をしない、提出物の期限を守るといったことも当然必要です。

「尊敬される」ためには、相手から〝共感〟を得ることが求められます。自分ができないことを他人に求める人に、〝共感〟する人などいないことを頭に入れておかなければなりません。

優秀な部下でも上司の6割しか仕事ができない

さらに、自分自身がリーダーになったとき、真っ先に求められることは、部下に対する「受容」です。何を「受容」するのかと言うと、それは「優秀な部下でも、上司の６割しか仕事ができない」ということです。

優秀な部下で上司の６割ですから、普通の部下だと上司の２～３割、さらに学校を出たての新入社員だと１割以下だと考えておくべきでしょう。

多くの人が、リーダーになってもこうした事実を「知らない」、あるいは「受容」することができません。

その結果、「うちの部下は仕事ができない」「あいつは使えない」といったことを口にし、さらにはそうしたことを態度や姿勢に表わすことになります。

リーダーがそのようなことでは、部下が育つことはありません。「優秀な部下でも、上司の６割しか仕事ができない」という事実を受け入れ、その中でいかに仕事を回すかを考えることがリーダーの仕事です。〝プレーヤー〟から〝リーダー〟に進化できるかどうかは、この事実を「受容」できるかどうかにかかっている、と言っても過言ではないでしょう。

そう考えると、部下のレベルを上げていくためには、自分自身のレベルを上げていかなければなりません。部下の能力は常に上司の６掛けということになると、自分自身のレベルを上げない限り、部下のレベルが上がることもないからです。

教育は現場の仕事

現場リーダーの人から、「最近の新入社員は最低限のビジネスマナーもできていない」「もっとマシな新入社員を採用してほしい」、あるいは「人事部は、もっと新入社員教育を充実させてほしい」といった話をよく聞きます。しかし、私がいつも申し上げるのは「教育は現場の仕事」ということです。

まず、家庭や学校において、ビジネスマナーにつながる教育を期待することは不可能です。学校教育以前の問題として、親子関係の「友達化」が一般的になってから、二世代以上が経過しています。

そうした環境の中で、ビジネス社会で通用する躾・マナーが身についていることを期待するほうに無理があります。学校についても同様です。

たとえば、われわれの世代が子供の頃には、多少の体罰もあったし、先生も怖い存在でした。しかし、現在は体罰などは社会的に許されない時代です。ＰＴＡや親の目を気にしながら、限定的な教育しかできていないのが、大半の学校の姿だと思います。

したがって、ビジネスマナーはもちろん、社会で生きていく常識の段階から、職場で教えていくしかないのです。

前項でリーダーは「受容」を行なうことが大切と述べましたが、新入社員に対してもそれは同様なのです。

部下に投資しよう

ビジネスは、すべて「投資」対「効果」です。つまり、「投資」した分しか自分に返ってくることはありません。後輩・部下育成の場合も同じです。部下への「投資」というのは、たとえば本章の最初で述べた〝部下に奢る〟といった金銭的な投資もあれば、部下のために〝時間をつくる〟といった、工数面での投資もあります。

8章にも書きましたが〝部下に奢る〟ということについては、何も100％奢る必要はありません。たとえば2人で飲みに行った際に完全に2で割るのではなく、100円でもいいので、少しでも多く払えばいいのです。

また〝時間をつくる〟という工数面での投資とは、営業マンで言うと部下との営業同行がこれにあたるし、仕事の進め方を教える、面談を行なって相談に乗る、といった時間がこれにあたります。

現在は非常に厳しい時代ですから、上司・先輩としても自分のことで精いっぱいと思ってしまうかもしれません。しかし、私の経験から言えば、後輩・部下への投資はいずれ自分に返ってくることなのです。

かといって、見返りを求めて「投資」をすることは、上司としてNGです。すぐにリターンがあることは稀だし、投資した本人ではなく、違うところからリターンがあることもあります。そうしたことも含めて、前述の「受容」が求められるのです。

部下の仕事の工数を把握しよう

部下の心身における健康管理も、上司の大切な仕事です。とくに最近では、メンタル面での健康管理が必要です。具体的には、職場における部下の〝うつ病〟の予防も、上司としての大切な仕事なのです。

たとえば、〝うつ病〟は精神面での病気ですが、多くのケースで、過大な仕事量からくる肉体面への負荷が、精神面に悪影響を及ぼします。たとえば、部下が連日夜遅くまで残業をしている、また特定の人だけが月100時間を超える残業をしているというのは、明らかに好ましくありません。

上司として、なぜ特定の人が連日残業に至っているのか、その原因を突き止めて、それを改善するのは当然の義務と言えます。とくに、「雑用」のような仕事は、新人や若手に集中しがちです。上司として指示を出すからには、その仕事をこなすためにどの程度の工数を要するのか、また指示を出す相手がどの程度の仕事を抱えているのかをきちんと把握しておく必要があります。

そのためには、4章の1項で述べたような、部下に「自分の仕事をすべて書き出させる」といった、〝やることリスト〟をつくらせる指導も必要でしょう。

いずれにせよ大事なことは、仕事を部下に「丸投げ」すべきではない、ということです。仕事を細かく分解し、それぞれの仕事に要する工数を把握したうえで、それぞれの仕事に対して期限設定を行うことが必要です。要は、部下に対する気配りが必要なのです。

部下のプライベートを把握しよう

また〝うつ病〟のようなメンタル面の不調は、多くのケースで仕事上の悩みだけではなく、プライベート上の悩みも原因となっています。私自身が、多くの部下を見てきた経験で言うと、仕事がうまくいっていないときに、プライベートでも問題が起きるとメンタル面に不調をきたすようです。

したがって、上司は部下のプライベートなこと、具体的には家庭がうまくいっているのか、独身者であれば両親は元気なのか、といったことを把握しておく必要があります。

たとえば、あるコンサルティング先の商社でのことです。結婚したての営業マンが、元気がなくて暗いので、その上司であるリーダーに「彼はここのところ暗いけれど、家庭のほうはうまくいっているのですか？」と聞いたところ、そのリーダーは、「プライベートのことまでわかりません」と平然と答えました。

結局その後、その営業マンは会社を辞めてしまいました。理由は彼の奥さんが「給料の割に帰りが遅い」と、転職を促したことにあったようです。

本人のプライベートのことを知っても、それを改善するのはなかなか難しいことです。しかし、人生の先輩として相談に乗ることはできます。この例であれば、部下に「たまには早く帰れよ」と声をかけることもできたはずなのです。

指導の際に本人のプライベートを持ち出すのはNG

上司は、部下のプライベートを把握することが必要、と前項で述べました。しかし、指導を行なう際や叱る際、部下のプライベートを持ち出すことは絶対にＮＧです。

たとえば、「キミの親の育て方に問題がある」とか、「そんなことだから、嫁さんともうまくいかないんだ！」といった本人のプライベートを否定するような発言は、パワハラ以外の何物でもありません。

かと言って、プライベートと仕事は実際には連動していることも事実です。たとえば、私が重視していることは、部下本人とその両親との関係です。やはり、実の親子でありながら仲が悪い、というのはよいことではありません。自分の親を否定する人は、ネガティブな人が多いものです。なぜなら、自分の親を否定するというのは、自分自身を否定しているのと同じことだからです。

ですから、上司として部下に対して、「初めてのボーナスは、親に何か買ってあげろよ」「盆正月には親元に帰れよ」といった声かけをすることは大切なことです。しかし、「キミは親との関係が悪いから仕事もできないいんだ」といった話は、絶対にしてはいけません。

要は、本人にとってどうしても変えられないことを指摘するべきではないし、本人が傷つくことを指摘するのもＮＧです。プライベートの把握は必要ですが、それを指導に持ち出すのは、よほど慎重にしなければならないことなのです。

部下と友達になるな

リーダーに必要なことは、〝部下と一線を引く〟ことです。「尊敬されることがリーダーシップの基本」と本章の最初に述べましたが、尊敬されるためにも〝部下と一線を引く〟ことは必要なことです。

〝部下と一線を引く〟というのは、わかりやすく言うと、「部下と友達にならない」ということです。〝友達〟というのは、損得勘定抜きに本音を語り合える相手です。たとえば友達であれば、会社や上司に対する愚痴や不満を語り合っても、その後のコミュニケーションに問題は起きないでしょう。

しかし、上司が部下に会社の不満や、さらにその上の上司の不満を漏らしたが最後、その部下があなたのことを尊敬することはなくなるでしょう。

さらにリーダーは、すべての部下と平等に接することが求められます。そうしなければ、すべての部下のモチベーションを上げることができないからです。そのとき、リーダーが特定の部下と〝友達〟のような間柄だと、そうでない部下からすると〝えこひいき〟しているようにとられてしまいます。

これでは、全体のモチベーションが上がることはありません。すべての部下から、「あの人は公明正大な人だ」と思われなければ、本当の意味でのリーダーシップを取ることはできません。「指揮官は孤独」と言われますが、それを受け入れていくことがリーダーには必要なのです。

中学生でも理解できる指示を出せ

よく、「うちの部下は仕事ができない」「使えない」と簡単に言う人がいますが、これはその人の指示の出し方が悪いからです。抽象的な指示ではなく、誰が聞いても具体的なアクションレベルに落とし込める指示を出すことが、リーダーには必要なのです。

たとえば、「もっと接客サービスのレベルを上げろ」と言っても、部下の接客のレベルが上がることはありません。そうではなく、「お客様を見たら、明るく大きな声で〝いらっしゃいませ〟と言おう」、あるいは「お客様がお帰りの際は、姿が見えなくなるまでお見送りをしよう」といったことが、具体的な指示ということです。

われわれコンサルタントが、部下にレポート作成の依頼をかけるときも同様です。たとえば、「A社の売上分析をしておいて」という指示の出し方では、まず使える資料は上がってくることはありません。

最低限、「A社の生産性（1人あたり粗利益）が低下していることを、A社の幹部に危機感が伝わるような資料をつくって」と、資料作成の目的が明確にわかる指示を出すべきです。

さらに相手のレベルによっては、表中に入れる項目やグラフの種類まで、こちらが指示しなければならないケースもあります。

いずれにせよ、指示した仕事を部下がこなせていないというのは、部下が悪いのではなく、指示を出した側に問題があるのです。リーダーは、そのように考えて指示を出すべきなのです。

リーダーは夢を語れ

リーダー・上司の仕事とは、「部下に夢を語ること」と言っても過言ではありません。自分自身が、仕事に対して夢と情熱を持ち、常に努力と改善を続けていくことが、あらゆる場面においてリーダーに求められるのです。

逆に、夢・情熱を持たないリーダーの部下はたいへん不幸です。新入社員・若手社員で入社間がないのに、あるいは「これから」という人が辞めてしまう共通の理由は、「職場にモデルになる人がいない」ということです。

30代リーダーに求められることは、若手社員に対するモデル社員となることです。そのためには、「意識して部下に夢を語る」ということが必要なのです。

たとえば、私もみなさんと同様に30代リーダーですが、私のグループは、現在私を入れて17人います。私は、常日頃からグループを１００人体制にすると明言しています。私のグループが１００人体制になれば、現在のメンバーは全員リーダー・管理職です。さらに、私の夢は米国進出です。船井総研はマーケティングのコンサルティング会社ですが、マーケティング理論の大半が米国からきています。しかし、世界で最も難易度の高いマーケットは日本です。

私は、日本で通用するマーケティングは、必ずや本場米国でも高い評価を受けるはず、と考えています。

みなさんも、リーダーになったからには夢を持ち、それを明言していただきたいと思います。

著者略歴
片山和也（かたやま　かずや）
株式会社 船井総合研究所　第二経営支援部
グループマネージャー　シニアコンサルタント
経済産業省登録　中小企業診断士（登録番号 401458）

法人営業を主体とする企業全般の経営支援に携わり、船井総研における同分野の支援実績ではトップクラス。中長期経営計画の策定、マーケティング戦略の策定、営業戦略の策定など、コンサルティング実績多数。営業マン研修・マネージャー研修も多数実施。『必ず売れる！生産財営業の法則１００』、『上手な『商談』のつくり方・すすめ方』、『部下を育てるリーダーが必ず身につけている　部下を叱る技術』（以上、同文舘出版）、『はじめて部下を持ったら読む！営業マネジャーの教科書』（ダイヤモンド社）、などがある。

30代リーダーが使いこなす
部下を大きく成長させる100の言葉

平成24年11月14日　初版発行

著　　者 ——— 片山　和也
発 行 者 ——— 中島　治久
発 行 所 ——— 同文舘出版株式会社
東京都千代田区神田神保町 1-41 〒 101-0051
営業 03（3294）1801　編集 03（3294）1802
振替 001000-8-42935　http://www.dobunkan.co.jp

ISBN978-4-495-52061-8
印刷／製本：三美印刷
Printed in Japan 2012